U0502459

趣说金融科技

挑战华尔街并推进金融变革

[美] 丹尼尔·P. 西蒙（Daniel P. Simon）◎著

李同良◎译

中国科学技术出版社

·北　京·

THE MONEY HACKERS: HOW A GROUP OF MISFITS TOOK ON WALL STREET
AND CHANGED FINANCE FOREVER
Copyright © 2020 by Daniel P. Simon
Published by arrangement with HarperCollins Leadership, an imprint of HarperCollins
Focus, LLC.
The simplified Chinese translation copyright © 2022 by China Science and Technology
Press Co., Ltd.
All rights reserved.
北京市版权局著作权合同登记　图字：01-2022-0379。

图书在版编目（CIP）数据

趣说金融科技：挑战华尔街并推进金融变革 / (美)
丹尼尔·P. 西蒙著；李同良译. —北京：中国科学技
术出版社，2022.7
书名原文：THE MONEY HACKERS: HOW A GROUP OF
MISFITS TOOK ON WALL STREET AND CHANGED FINANCE
FOREVER

ISBN 978-7-5046-9576-5

Ⅰ. ①趣… Ⅱ. ①丹… ②李… Ⅲ. ①金融—科学技
术—研究 Ⅳ. ①F830

中国版本图书馆 CIP 数据核字（2022）第 121735 号

策划编辑	杜凡如　陆存月	责任编辑	杜凡如
封面设计	创研设	版式设计	蚂蚁设计
责任校对	焦　宁	责任印制	李晓霖

出　　版	中国科学技术出版社
发　　行	中国科学技术出版社有限公司发行部
地　　址	北京市海淀区中关村南大街 16 号
邮　　编	100081
发行电话	010-62173865
传　　真	010-62173081
网　　址	http://www.cspbooks.com.cn

开　　本	880mm×1230mm　1/32
字　　数	164 千字
印　　张	7.5
版　　次	2022 年 7 月第 1 版
印　　次	2022 年 7 月第 1 次印刷
印　　刷	北京盛通印刷股份有限公司
书　　号	ISBN 978-7-5046-9576-5/F·1020
定　　价	69.00 元

献给夏洛特（Charlotte）和埃莉诺（Eleanor）

◎ 不放松银根，经济将崩溃。

　　　　　　——美国前总统乔治·W. 布什（George W. Bush），

　　　　　　　　　　　　　　　　　2008 年 9 月 25 日

◎ 有款应用程序能帮你。

　　　　　　　　　——苹果公司，2009 年 1 月 26 日

17年前，当我刚到彭博新闻社（Bloomberg）工作时，我就邀请克莱顿·克里斯坦森（Clayton Christensen）就其著作《创新者的窘境》（*The Innovator's Dilemma*）以及他对公司如何应对——或未能应对——变革发表一些看法。

一直以来，银行业的变革都十分缓慢。对于金融界人士来说，创新总是让他们感到紧张。毕竟，银行的首要任务就是不赔钱：想想那些保险箱和紧锁着的金库吧。

然而，像彭博新闻社这样的公司——一家科技公司——他们别无选择，只能放眼未来，努力寻找那些可能会颠覆现有商业模式的东西——而在过去的十年里，我们所见的颠覆始终以令人难以置信的方式发展。如今，人们不必使用现金就可以随时进行购物、消费、借贷和交易。即使我老家康涅狄格州乡下的药店也不再收现金，只接受电子支付。

这是一场"金融科技革命"。这是一场巨变，其来势之猛可谓迅雷不及掩耳，大多数被金融危机及其后果搅得心烦意乱的银行界人士还没来得及做出反应，它就已经来到眼前。

现在，金融服务业的每一个人都必须做好准备，接受这样一个事实，即他们的工作将要被打乱。为什么不呢？没有什么东西是一成不变的。从十几岁的青少年到四十多岁的中年人，人们对科技的力量笃信不疑，他们对各种科技的运用也已十分纯熟。他们为什么要抱残守缺？为什么要使用支票簿？技术必将继续给零售金融服务业带来改变。

新兴而活力无限的金融科技公司——"金融黑客"——要么正在革新旧的银行模式，要么正在把它们彻底摧毁。每一位金融服务从业人员都将不得不适应这一变革——即使是以牺牲现有业务和文化为代价——否则，他们将被时代抛弃。

他们可以从读这本书开始。

——彼得·格劳尔（Peter Grauer)

彭博新闻社董事长

修复苹果手机的致命缺陷

2008年3月，当汉克·保尔森[1]（Hank Paulson）、本·伯南克[2]（Ben Bernanke）、蒂姆·盖特纳[3]（Tim Geithner）和纽约所有的银行家都紧盯着自己的黑莓手机和彭博新闻社终端，等着看贝尔斯登公司（Bear Stearns）倒闭是否会让世界陷入经济崩溃时，史蒂夫·乔布斯（Steve Jobs）正站在苹果公司库珀蒂诺总部的市政厅礼堂的舞台上，试图拯救苹果手机。

第一代苹果手机已经上市8个月了。上市后的第一个周末，苹果公司就售出了27万台苹果手机。媒体亢奋不已，到3月份乔布斯登上市政厅礼堂的舞台时，苹果手机已经占据了智能手机28%的市场份额。仅仅两个月后，到"五一"国际劳动节时，苹果手机的销量就达到了100万。

从销售量看，对于苹果手机来说，事情并没有那么糟糕。

然而，它的确存在一个大问题，苹果公司春季促销活动会议室里的人都知道这一点。

它没有应用程序。

当苹果手机在2007年发布时，它的所有软件都是预装并密封的：用户无法添加应用程序。当时，乔布斯并不想创造一个全新的、革命性的移动计算平台；他只是想做一部更好的手机。在2007年那场推介这款产品的著名主旨演讲中，他至少五次这样说："今天，苹果公司要重新发明手机。"[1]

乔布斯痛恨现有的手机。他讨厌它们的样子，讨厌它们的软件，讨厌它们笨拙的用户体验。在苹果尝试与摩托罗拉合作开发一款手机之后，这种情绪被进一步强化。该手机被称为"Rokr"——一款经过重新包装的摩托罗拉E398直板手机，可以与iTunes同步。它的销量非常差，仅仅几个月之后，摩托罗拉就将其从产品线中剔除。

"我厌倦了和那些'傻瓜'手机公司打交道。"他对其内部团队成员说。

他知道他可以做得更好。

为了与其他智能手机竞争，苹果手机需要具备收发短信、电子邮件以及拍照、照片管理和网络浏览等功能，乔布斯希望所有这些功能都是市场上最好的。

而且，由于音乐当时是苹果公司的核心业务，因此他还希望这款手机能兼具iPod的功能。

最后，因为他是史蒂夫·乔布斯，所以他希望所有这些东西都能够完美地协同运作。

对于设计来说，这是一个巨大挑战。研发团队决定解决这个问题，他们尝试将这种新设备想象成一台可以运行轻量版本的苹果macOS操作系统的小型计算机，而不是一部手机。然而，把一台电脑放进每个人的口袋是他们最初目标的结果，而不是目标本身。

我们的目标只是制造出有史以来世界上最好的手机。

研发团队在手机上增加了更多的硬件，包括无线网（Wi-Fi）和一块实验性的新触摸屏，同时利用其他软件增强手机的功能——他们将这些软件称之为"小部件"：一个时钟、一个计算器、一款查看天气的应用程序和一款可以查看股市的应用程序。尽管他们的设备没有全球定位系统（GPS）功能，但他们还是与谷歌合作给手机添加了一款地图软件。

在乔布斯看来，这都只是些额外的功能。"王牌应用，"他告诉观众，"还是打电话。"

在苹果全球开发者大会上，他首次发布了苹果手机：现场坐着的全都是软件工程师，而乔布斯向他们展示了一个他们前所未见的、先进的移动计算平台。假如乔布斯的目的是希望刺激他们的欲望，那么他做到了。

然后，他告诉他们，他们将无法为它编写软件。

他不想让苹果公司以外的任何人为手机开发软件。"乔布斯不相信第三方开发者能够提供苹果程序员所能提供的同样水平的审美愉悦和稳定体验。"卡尔·纽波特（Cal Newport）在《纽约时报》（*The New York Times*）上写道，"他深信苹果手机自带的精心设计的功能已经足够了。"[2]

程序开发者不赞同他的观点。他们在苹果手机上看到了乔布斯自己还没有看到的东西：对于一台具有互联网功能的移动计算机来说，尚未开发的功能非常多。虽然苹果不会邀请他们编写软件，但这并不意味着他们不想参加这场盛宴。

2007年6月29日，苹果手机在全球上市——然而，还不到一星期，黑客就黑进了苹果手机的文件系统，安装了一个自定义铃声（最初的苹果并没有这种功能），并在油管（Youtube）上发布了一段视频来证明他们做到了。

苹果手机的"越狱"[①]（jailbreak）时代就此开启。精明的程序员破解了手机的软件，将其从苹果限制的"监狱"中解救出来，并对该手机进行试验和个性化，同时发明他们认为苹果缺失的任何方便实用的东西。一些人想切断手机与美国电报电话公司2G网络的独家连接，将其切换到另一家手机网络供应商。一些人希望增加一些新功能——与Windows同步的功能，而不仅仅是与苹果电脑同步或通过互联网拨打电话的功能。而有些人只是喜欢"越狱"带来的技术挑战。

然而，对于苹果公司来说，这些"越狱"事件的背后有一句潜台词："这部手机是我们的，不是你的。有些事情我们希望它去做，你不能阻止我们。"

苹果手机发布一个月之后，未经苹果公司批准的程序开发者发布首批原生第三方苹果应用程序，并将其发布到网络上。

[①] 主要是对苹果手机的一个专属名词，指越狱手机绕开苹果手机的封闭操作系统iOS的限制，安装使用苹果手机应用商店的收费软件，而无须支付费用，而且越狱的手机能安装插件，实现没越狱手机更多的功能。——编者注

"在苹果iOS1.0时代，苹果手机连一款游戏都没有，不是吗？"软件开发者杰伊·弗里曼（Jay Freeman）抱怨道，"其他任何一部手机都有贪吃蛇，都有猜单词游戏。"[3]弗里曼以他的黑客名字"saurik"闻名，很快就成为最著名的越狱者之一。2008年2月28日，他发布了"苹果蠹"（Cydia），一个为"越狱"苹果手机分发和下载第三方软件的集中平台。很快，人们开始下载苹果手机新功能（其中一些功能后来被苹果手机采用，包括铃声、请勿打扰以及剪贴）和应用的安装程序。

苹果蠹——其名字源自一种在苹果中穿行的蠕虫。实际上，它是苹果手机的第一个"应用商店"。

应用程序对于苹果手机的生态系统来说是全新的，但对于软件社区来说，应用程序的概念并不新鲜。它是最古老、最重要的现代计算机平台之一Unix的核心。

Unix的创建者肯·汤普森（Ken Thompson）和丹尼斯·里奇（Dennis Ritchie）认为，代码应该轻量化、模块化并具有针对性，他们以大家耳熟能详的Unix理念为核心设计了他们的系统："编写能做一件事并且能做得很好的计算机程序。"

 应用程序编写理念

"编写能做一件事并且能做得很好的计算机程序。"

随着台式计算机的功能日益强大，软件公司越来越喜欢对现有产品线进行重新包装，而软件也开始受到"功能膨胀"（feature

bloat）的影响，在每个后续（通常容易崩溃的）版本中增加更多功能和复杂代码。

然而，像苹果这样的智能手机的计算能力远不及台式机，程序员突然面临着新的——或者更确切地说是旧的——技术限制：内存有限、屏幕小以及下载速度慢等。如果开发人员想要开发出能够提高苹果手机性能的软件，他们需要回到Unix最初的理念：专而精，并把一件事情做到极致。

Unix是苹果操作系统所依赖的平台，任何为MacOS编写软件的人自然都十分了解Unix的理念。

Unix的理念也成了应用程序编写的理念。

苹果公司竭尽全力反击越狱者和苹果蠹社区：苹果内部团队不断修补安全漏洞，让越狱变得愈来愈困难，有时越狱手机甚至会被"刷成砖头"，这些"砖头"不仅无法操作，而且（因为它们故意被黑客入侵）不会被保修。

"我们希望制造出优秀的产品，"乔布斯为自己对苹果平台的严格控制辩护说，"而不是像安卓那样的产品。"[4]

然而，苹果手机每次打过补丁之后，越狱者都能找到新的破解方法，而这种状况一直在循环往复。苹果公司正在与自己的客户展开一场竞赛。科技作家索尔·汉塞尔（Saul Hansell）对此这样评论道："苹果公司似乎在与一些最狂热的粉丝——那些想充分利用其功能的人——做斗争，却徒劳无功。"[5]

乔布斯正在失去对苹果生态系统的控制，他知道这一点。他决定抢占制高点。2008年3月6日，贝尔斯登公司（Bear Sterns）最终崩溃的8天前，在市政厅礼堂举行的推介活动上，苹果公司发布了一个"软件开发工具包"——最终为其开发者社区提供了为苹果手机编写软件的合法途径。4个月后的7月10日，也是联邦存款保险公司（FDIC）接管抵押贷款公司印地麦克（IndyMac）的前一天，苹果推出了应用商店，即App Store——一个软件开发者展示其成果的平台。

史蒂夫·乔布斯已经放弃了全部的控制权。苹果手机和移动计算的未来不再取决于苹果公司。现在，它取决于世界各地的人们及其想象力。

谁会想到这竟然会引发一场金融科技变革？

作者手记

我十三岁的时候，爸爸得了重病，失去了工作。我们这个建立在20世纪80年代末廉价信贷基础之上的家庭随即分崩离析。我们不得不变卖家里的东西，我也被赶出校门，我漂亮的妈妈用她的貂皮大衣换来一条涤纶围裙，并在当地的超市谋到了一份码箱子的工作。爸爸继续领取救济金，靠为干洗店开车维持家庭开销。

有些人可能遭遇过更大的困难，但这段经历给我留下的是一生的焦虑，尤其是对待金钱的复杂心态。对一些日常的事情，比如牙膏用完了之类的，我都会表现出无端的恐慌。我购买食品时，总是超过正常需要的量，我没有信用卡或购物卡，我的储蓄大多是现金，这意味着股票历史上出现过的大牛市，我一个也没有经历过。

具有讽刺意味的是，我选择了通过讲述关于金钱的故事来谋生，而且我这样做还赚了很多钱。

我的事业可谓蒸蒸日上，但我发现我蓬勃发展的职业兴趣与我的个人财务状况之间出现了越来越严重的脱节。我可以告诉你美联储会提高利率还是会降低利率，但一想到信用卡上的利息，我便会脊背发凉。我可以解释抵押贷款证券化是如何导致金融危机的，但为自己申请抵押贷款的前景却让我感到恐惧，致使我最终租房的时间比我应该租的时间长了十年。几年前，我公司的共同创始人终于站在我的办公桌旁，为我设立了一个401（K）①账户。

除却其货币物理特征，金钱便是一切。它与安全、地位、家庭、成功、失败、健康——除了银行往来账户上数字之外的一切事物相关。人们受到金钱的挑战，不是因为他们不会做基础运算，而是因为他们被自己的心理吓住了，被金钱所代表的一切负担吓住了。对于那些生而富有或经济无忧的人们来说，传统金融行之有效，但对我们其他人来说，它的表现却十分糟糕。

这本书讲的就是一群拥有同样感受的人们的故事。

除了导致2008年金融危机的明显结构缺陷，本书所描述的企业家还都看到了金融业的一些根本性问题：它失去了根基，也跟不上数字时代发展的步伐；它没有为大多数为钱挣扎的"普通人"找到一个解决问题的方法；当新科技巨头在谈论连接世界或让世界变得更美好时，除了简单地转账或者为越来越少的人赚越来越多的钱，金融服务并没有一个明确的目的。

这些企业家——这些"金融黑客"——都是特立独行的怪人和局外人。即使是那些曾在大型金融公司工作过的人，因其性别、肤色或者滑稽的口音，他们的日常工作也都是在玩局外游戏。

作为一个不合群的人，我被他们深深地吸引，我觉得他们引人入胜的故事可以成为深入探索他们希望颠覆的特定金融领域的捷径。我为创新者而歌，为创新而赞。

---

① 401K计划始于20世纪80年代初的美国，是一种由雇员、雇主共同缴费建立起来的完全基金式的养老保险制度。——编者注

我并不是在寻找他们各自领域中的第一人或最知名人士。（你越仔细寻找技术上的"第一"，就越难找到：每一项创新都是站在它之前的创新巨人的肩膀上取得的——而且一路蹒跚……）相反地，我在寻找有助于讲述更为宏大的金融科技故事的迷人小故事。

本书不敢妄称是一本"金融科技百科全书"。令人遗憾的是，本书篇幅有限，不得不将许多令人惊叹的人物和整个金融子行业舍弃：我没有时间报道商业金融科技、房地产或保险等领域令人难以置信的发展。我对欧洲各国和中国谈得不够。

诚实地讲，采访的可行性也是决定谁在书中、谁不在书中的一个因素。与其他一些人相比，书中的人物我可能更容易找到；有些人已经是熟人或者是客户（虽然撰写本书时他们还不是客户）。我努力做到声音和个性的平衡，但你最喜欢的一些名字可能没有出现在这里，其原因不是他们被冷落，而是因为我还在等他们给我回电话。

最后，人们说在纽约随时都可能发生意想不到的事情，我敏锐地意识到，从提交手稿到出版之间的时间可能会延长。就在我写这篇手记的时候，嘉信理财宣布，他们决定取消所有线上交易费用，此举开创了在线经纪业务的新纪元。我不知道2020年第一季度苹果公司对现金流的野心或更广泛的市场会发生什么变化。我也不知道金融科技是会接管银行还是会被银行完全吞并（客观上来说，后者更有可能）。

然而，让我充满信心的是，不管这些玩家最终的命运如何，他们向金融业释放了许多（即便不是绝大多数的）理念——金融服务的对象不仅仅是超级富豪，我们这个行业应该更像它所代表的人，而取消佣金或许也能赢利，无论明天的金融服务提供商是谁，这些理念都将继续存在于他们的思想中。

金融科技发展脉络

金融技术的历史和金钱本身一样悠久——金钱就是技术——但所谓的"金融科技"现象则是近些年才出现的，其产生的背景是互联网的兴起以及20世纪90年代和21世纪的经济繁荣与萧条。下面展示的一些关键节点，有助于我们看到"金融科技"是如何一步步发展成今天这个模样的。

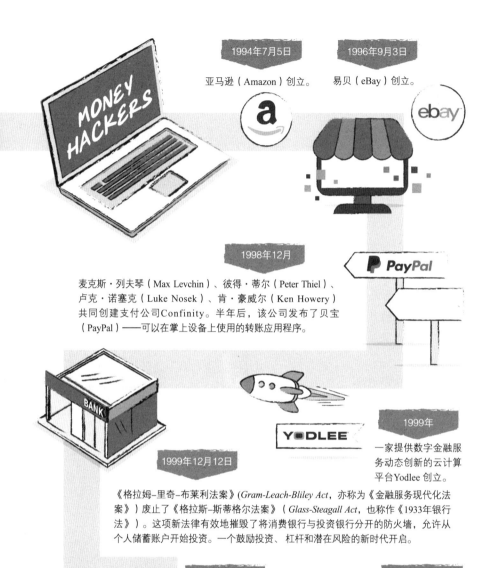

1994年7月5日

亚马逊（Amazon）创立。

1996年9月3日

易贝（eBay）创立。

1998年12月

麦克斯·列夫琴（Max Levchin）、彼得·蒂尔（Peter Thiel）、卢克·诺塞克（Luke Nosek）、肯·豪威尔（Ken Howery）共同创建支付公司Confinity。半年后，该公司发布了贝宝（PayPal）——可以在掌上设备上使用的转账应用程序。

1999年

一家提供数字金融服务动态创新的云计算平台Yodlee 创立。

1999年12月12日

《格拉姆-里奇-布莱利法案》(Gram-Leach-Bliley Act，亦称为《金融服务现代化法案》）废止了《格拉斯-斯蒂格尔法案》（Glass-Steagall Act，也称作《1933年银行法》）。这项新法律有效地摧毁了将消费银行与投资银行分开的防火墙，允许从个人储蓄账户开始投资。一个鼓励投资、杠杆和潜在风险的新时代开启。

2002年6月

易贝收购贝宝。

2004年12月

脸书拥有一百万用户。

2006年9月26日

脸书向13岁以上且拥有有效电子邮件地址的所有人开放。

2004年2月4日

马克·扎克伯格（Mark Zuckerberg）推出脸书[①]（Facebook）。

① 脸书（Facebook），现已更名为元宇宙（Meta）。因原书出版时间早于脸书更名时间，故本书仍称其为脸书（Facebook）。——编者注

2007年4月

新世纪公司（New Century），一家专门从事次级抵押贷款的美国房地产投资信托公司，根据美国破产法第11章申请破产保护。次贷危机开始。

2007年3月8日

在线信用积分查询公司Credit Karma成立。

2007年3月

总部位于肯尼亚的萨法利通信公司（Safaricom）推出了一项新的基于手机的支付和转账服务，称为M-Pesa，该服务通过短信网络转账。

2007年2月20日

道琼斯指数触及12786点的峰值。本月房屋销售也达到峰值，并开始下滑。

2006年11月

在线个人理财工具Wesabe投入使用。

2007年1月9日

史蒂夫·乔布斯在Macworld大会上宣布推出苹果手机，引起了媒体的广泛关注。

2007年5月24日

脸书推出被称为"脸书平台"（Facebook Platform）的应用程序接口（API），该平台支持跨网络和设备的脸书服务。现在，第三方开发者可以将脸书数据用于外部应用程序。

2007年5月24日

作为脸书首批应用程序之一的"贷款俱乐部"（Lending Club）上线。

2007年6月11日

苹果公司在"苹果全球开发者大会"（Apple's Worldwide Developers Conference）上宣布，苹果手机将不支持第三方应用程序，受到开发人员的强烈反对。

2007年7月6日

第一代苹果手机iPhone推出一周后，首次"越狱"。

2007年6月29日

第一代苹果手机上市。

2007年夏

哈佛法学院教授伊丽莎白·沃伦（Elizabeth Warren）发表了一篇论文，提议成立一个"消费者金融保护局"，以监督和监管银行、信用合作社、证券公司、发薪日贷款机构、抵押贷款服务机构、止赎救济服务和债务催收服务。金融产品，如抵押贷款、其他贷款和信用卡，"应该像目前在美国市场上销售的每一台烤面包机、洗衣机和儿童汽车安全座椅那样接受相同的例行安全检查"。

2008年2月

Credit Karma产品发布。

2008年2月

脸书以2000万美元和大约120万股公司股票的代价与文克尔沃斯（Winklevoss）兄弟达成和解协议。两兄弟很快反悔，要求更多赔偿。

2008年

亚力克莎·冯·托贝尔（Alexa von Tobel）从哈佛商学院辍学，创建LearnVest。

2007年12月

欧盟"支付服务指令"（Payment Services Directive）——针对欧洲银行业的新银行法规——开始生效。

2007年10月

苹果公司改变做法，宣布将于2008年2月推出一款手机软件开发工具包。

2007年9月

免费在线个人财务管理服务网站Mint.com在Techcrunch40大会上推出（并赢得大会一等奖，奖金5万美元）。

2008年2月13日

美国《经济刺激法案》（*The Economic Stimulus Act*）颁布（其中包括退税）。

2008年3月6日

苹果软件开发工具包发布，允许第三方为iOS系统开发本机应用程序。

2008年6月

Yodlee从美国银行（Bank of America）获得3500万美元的投资。

2008年3月17日

联邦储备银行（The Federal Reserve）为贝尔斯登公司的不良贷款提供担保，以促进其被摩根大通（JP Morgan Chase）收购。

2008年7月10日

苹果应用商店发布，一夜之间涌现出数百个应用程序。现代移动计算平台诞生。

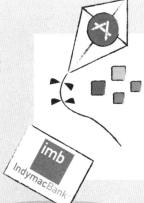

2008年7月11日

位于美国加州的抵押贷款公司印地麦克破产，由联邦存款保险公司接手。

2008年7月30日

美国《2008年住房和经济复苏法案》（*The Housing and Economic Recovery Act of 2008*）颁布。

2008年8月10日

Bitcoin.org域名被注册。

2008年9月16日

美联储接管了美国国际集团（American International Group，简称AIG）。美国货币市场基金（The Reserve Primary Fund）净值跌破1美元。

2008年9月18日

美国财政部部长汉克·保尔森和美联储主席本·伯南克提议7000亿美元紧急援助。

"If we don't do this, we may not have an economy on Monday."

2008年9月15日

雷曼兄弟（Lehman Brothers）宣布破产，导致道琼斯指数下跌504点，这是七年来最严重的跌幅。美国银行收购美林集团（Merrill Lynch）。

2008年9月9日

苹果应用商店下载量达到1亿次。

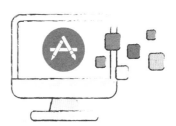

2008年9月7日

房利美（Fannie Mae）和房地美（Freddie Mac）被美国联邦政府接管。

2008年9月

世界银行建立了第一个国际汇款价格数据库，即全球汇款价格数据库（The Remittance Prices Worldwide Database），促使汇款服务提供商改善服务。

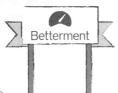

Betterment

2008年8月25日

美国新智能资产管理平台Betterment创立。

2008年8月26日

脸书拥有1亿用户。

2008年9月21日

高盛（Goldman Sachs）和摩根士丹利（Morgan Stanley）转为银行控股公司，以谋求美联储更多的保护。

2008年9月23日

首款商用安卓智能手机HTC Dream，亦称为T-Mobile G1上市。

2008年9月25日

不放松银根，经济将崩溃。
——乔治·W.布什

2008年9月26日

拥有3070亿美元资产的华盛顿互惠银行（Washington Mutual）开始为期10天的存款挤兑。

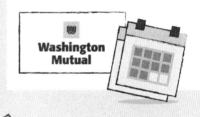

2008年9月29日

美国众议院否决《2008年紧急经济稳定法案》（*Emergency Economic Stabilization Act of 2008*）。道琼斯指数下跌770点，创下单日最大跌幅。

2008年10月3日

美国《2008年紧急经济稳定法案》签署成为法律，出台了"问题资产救助计划"（Troubled Asset Relief Program）。

2008年10月14日

贷款俱乐部宣布其是首家在美国证券交易委员会注册的，并按照其安全标准向个人提供个人贷款的借贷公司。

2009年2月17日

奥巴马签署《美国复苏与再投资法案》（*American Recovery and Reinvestment Act*），这是一项7870亿美元的注资计划，旨在刺激摇摇欲坠的经济。

2009年4月

苹果应用商店下载量达到10亿次。

2009年1月26日

有款应用程序能帮你。
——苹果公司开始广告宣传活动。

2009年1月20日

奥巴马就职典礼举行。

2009年1月12日

密码朋克（Cypherpunk）成员哈尔·芬尼（Hal Finney）在首次加密货币交易中获得10枚比特币。

2009年1月3日

比特币网络被激活，世界首枚比特币发行；比特币区块链中的第一块——创世块（Genesis Block，也被称为零区块）被中本聪开采出来。

2008年10月31日

中本聪（Satoshi Nakamoto）发表白皮书《比特币：一种点对点的电子现金系统》（*A Peer-to-Peer Electronic Cash System*）。

2009年

BankSimple网络银行公司创立。

2008年11月4日

巴拉克·奥巴马（Barack Obama）当选为第44任美国总统。

2009年4月

美国社交支付服务平台Venmo 创立。

2009年6月

苹果应用商店的应用程序达到5万个。

2009年6月17日

奥巴马提出一项"全面改革美国金融监管体系"的建议，并称"这是自大萧条之后实施改革以来从未有过的大规模变革"。

2009年9月13日

美国财税软件巨头Intuit收购Mint。
Mint与Yodlee的多年合作关系终止。

2009年11月

Learnvest.com创立，这是一个面向大学毕业生的个人理财网站。

2009年12月

Venmo 推出苹果应用程序。

2010年

伊斯梅尔·艾哈迈德（Ismail Ahmed）创立WorldRemit。

2010年5月22日

拉兹洛·汉耶茨（Laszlo Hanyecz）用1万比特币买了两个"棒约翰"（Papa John's）比萨饼。

2010年7月21日

美国《多德-弗兰克法案》（Dodd-Frank Act）签署成为法律，将美国的银行监管水平提到一个新的高度。

2011年7月21日

美国消费者金融保护局成立，负责监督银行、信用合作社、证券公司、发薪日贷款机构、抵押贷款服务机构、止赎救济服务和债务催收服务以及在美国运营的其他金融公司消费者的利益。

2011年6月19日

Mt.Gox比特币交易所遭到黑客攻击，85万比特币被盗或丢失。

2011年5月

查理·史瑞姆（Charlie Shrem）联合创立比特币交易所BitInstant，人们首次可以从零售店快速轻松地获得比特币。

2011年6月

文克尔沃斯兄弟终止了他们从与脸书和解中获得更多利益的诉求。

2011年5月

基于社交大数据的互联网信贷企业Kabbage开始发放第一笔贷款。

2010年7月31日

Wesabe关闭。

zzz... zzz... zzz...

2011年8月

美国互联网金融公司SoFi创立。

2011年9月

数字支付平台Stripe创立。

2011年9月17日

"占领华尔街"运动开始。

2011年11月15日

"占领华尔街"运动中的抗议者被赶出祖科蒂公园。

2012年4月

移动支付公司Braintree收购Venmo。

2012年5月18日

脸书首次公开募股。

2012年9月

查理·史瑞姆成为比特币基金会（Bitcoin Foundation）创始董事会成员，该组织是一个旨在提高加密货币知名度和声誉的非营利组织。

2012年11月6日

奥巴马再次当选美国总统。

2012年5月

BitInstant获得第一笔150万美元的重大投资，来自文克尔沃斯兄弟基金会（Winklevoss Capital）。

2014年2月

文克尔沃斯兄弟推出了Winkdex，一个显示比特币当前价格的在线指数。

2014年12月

查理·史瑞姆因串谋洗钱被判处两年监禁。

2014年1月26日

Bitinstant首席执行官查理·史瑞姆被控洗钱。

2014年1月

维塔利克·布特林与加密货币委员会的其他成员一起发布以太坊（Ethereum），一种区块链脚本语言。

2014年

数字资产控股有限责任公司（Digital Asset Holdings LLC）成立。

2013年11月

少年黑客与比特币爱好者维塔利克·布特林（Vitali Buterin）撰写《以太坊白皮书》。

2013年8月9日

彭博新闻社获得比特币报价。

2013年9月

贝宝收购Braintree。

2015年3月

布莱斯·马斯特斯（Blythe Masters）加入数字资产控股有限责任公司。

2015年3月25日

西北互助人寿保险公司（Northwestern Mutual Life Insurance Co.）宣布收购Learnvest。

2015年10月25日

由文克尔沃斯兄弟创建的加密货币交易平台Gemini Exchange获得纽约金融服务部的批准并投入使用。

2015年11月16日

欧盟理事会通过《支付服务修订法案（第2版）》（Payment Service Directive 2），给予成员国两年时间将该法案纳入本国法律法规体系。

2016年4月15日

明白钱（Clarity Money）创立。

2016年3月

查理·史瑞姆出狱。

2016年10月

高盛推出线上借贷平台马库斯（Marcus）。

2016年11月8日

唐纳德·特朗普（Donald Trump）当选第45任美国总统。

2019年9月14日

《支付服务修订法案（第2版）》在欧盟全面生效。

2019年10月

嘉信理财（Charles Schwab）取消在线交易佣金。

2018年6月5日

西北互助人寿保险公司关闭Learnvest。

2018年5月24日

美国《经济增长、放松监管和消费者保护法案》（*The Economic Growth，Regulatory Relief and Consumer Protection Act*）给予数十家美国银行基于《多德-弗兰克法案》的监管豁免，取消了2008年次贷危机后制定的一些监管规则。

2018年4月

高盛收购明白钱，收购金额高达八位数。

2017年9月

Zelle（一个美国银行间的即时转账系统）创立。

2017年1月20日

唐纳德·特朗普就职典礼举行。

2017年7月

Betterment资产管理规模超过100亿美元。

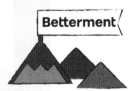

2017年4月

新型数字银行 Monzo在英国获得银行执照。

目录

第一章

让钱动起来

Venmo 是如何变成动词的

当伊克拉姆·马格登–伊斯梅尔（Iqram Magdon–Ismail）和安德鲁·科蒂纳（Andrew Kortina）决定在金融界掀起一场风暴时，他们给出的理由是伊克拉姆忘了带钱包。

2009年，伊克拉姆居住在费城，但他经常在费城和纽约两地之间奔波，慢慢地，他习惯了这样的旅行：工作日忙于工作，周末时则到纽约和朋友安德鲁一起研究他们的新想法。

刚成为宾夕法尼亚大学新生的时候，伊克拉姆和安德鲁就相识了。他们被随机分配到同一宿舍，但与许多随机配对的室友不同的是，他们彼此十分投缘。两人拥有相同的志趣和抱负，甚至选修了同样的计算机科学课程，他们也因此逐渐习惯于并肩工作。到大学四年级时，他们开始合作将一个小的商业创意付诸实践，开发了一个他们称之为"我的校园驿站"（My Campus Post）的大学分类网站。他们下午进行草根营销，晚上编写代码，第一次品尝到了他们想要的生活的滋味，疲惫不堪又兴奋不已，他们想成立一家互联网初创公司。

"我的校园驿站"未能腾飞，但这却是一个很好的学习机会。最重要的是，它让伊克拉姆和安德鲁意识到彼此都有继续合作的愿望。毕业后，他们搬到了纽约，开始从事编程工作。他们从一家创业公司跳槽到另一家创业公司，不断积累经验。后来，费城的一家公司为伊克拉姆提供了一个工程副总裁的职位，他接受了这份工作，但他又不想停止与安德鲁一起进行的研究。没过多久，他们就将注意力转向了一个重要的、真正有潜力的事物——他们称之为Venmo。

Venmo是一款音乐应用程序。

他们的这个想法是在参加一场爵士音乐会时产生的。音乐十分动听，但他们却无法重复欣赏。他们想，如果你能够给乐队发一条短信，然后他们便把现场演出的录音发到你的邮箱里，这不是很酷吗？这个想法前景无限，但要想将其落地则需要花费大量的时间——这意味着，更多的周末，他们中的一个人必须乘火车去和另一个人会面，进行头脑风暴并编写代码。

而其中一个周末，伊克拉姆忘了带钱包。

安德鲁让他不要担心。毕竟，这种事情已经不是第一次发生在他们身上了。他们成为室友已有好几年时间，在这期间，他们经常相互借钱买饮料、买杂货或者付房租——而最终他们总是拿出一台计算器，算出谁欠谁多少钱，然后通过开支票的方式还清借款。

他们这样做了多少次？几十次？几百次？

但这一次，一想到他们使用过的旧式支付系统，伊克拉姆就笑了。支票？他甚至不敢确定自己知不知道支票簿放在哪里。他在网上付清了所有账单。

支票簿就像是一个过往时代的遗物。如果他能找到那本支票簿，他会用几乎无法辨认的笔迹在银行发行的那张纸上写下金额，然后把支票寄给安德鲁——这意味着他要买一张邮票和一个信封，然后再找到一个邮筒。而当安德鲁收到支票时，他必须找到一个银行网点，在营业时间到那里去，填写一张陈旧的小存款单，并将它连同一些身份证明一起交给银行出纳员。最终，在三天、五天或七天的等待之后，这笔钱才会进入安德鲁的账户。

"我们为什么还要这样做？"

2009年时，人们可以用手机做任何事情，但就是不能转账。不知何故，这一最重要、最基本的功能还没有被发明出来。

为什么会是这样呢？

伊克拉姆和安德鲁遇到了技术专家和市场专家喜欢称之为"阻力"的点，所谓"阻力"，就是当人们试图做一件貌似简单实则困难的事情时产生的焦躁情绪。想象一下到机动车管理局办事的情景。你脊背发凉的感觉就是由焦躁引起的。

这种情绪一直是许多重要发现和发明背后的驱动力，而Venmo的创建也不例外。

"我们来解决这个问题。"他们坚定地说。

 清除障碍

"我们来解决这个问题。"

伊克拉姆和安德鲁开始将他们的音乐应用程序Venmo转换成人们可以用来转账的工具。

为什么在互联网上转账如此困难？

2009年，在互联网上转账并不是什么新鲜事。亚马逊和易贝已经成立并运行了将近15年时间。每个主流零售商的网站上都有某种版本的在线购物车，而根据美国人口普查局的数据，电子商务领域每年的销售额超过1300亿美元[1]。

而且，电子商务也不是专门为信用卡持有人服务的，银行发行的借记卡在网上购物时同样可以使用。

为什么可以把钱直接转到亚马逊和易贝，而不可以直接转给个人呢？

支付网关

网上购物已经变得十分普遍，但人们并不愿去想它有多复杂。你只需点击"立即购买"按钮，一切就搞定了。

太神奇了。

但要创造这种神奇，需要很多复杂的步骤，这些步骤被统称为"支付网关"。

首先，任何想在互联网上接收信用卡信息的人都必须遵守维萨卡（VISA）、万事达卡（Mastercard）和其他支付卡行业（Payment Card Industry，即PCI）成员制定的准则；他们的技术必须符合所谓的"PCI合规[①]"。

PCI合规要求使用银行级别的数据安全标准：包括为敏感信息编码建立的加密协议、保护存储信息的安全措施，以及维护和测

---

① PCI合规是指业务部门为保护持卡人提供并通过卡处理交易传输的信用卡数据而遵循的技术和操作标准。——译者注

试，以确保这些系统的安全稳定。

实现银行级别的安全不容易，也不便宜。对于大型在线零售商来说，这笔费用是合理的投资，但对于小企业或想在彼此之间转账的个人来说，这完全超出了他们的经济能力。

而PCI合规只是整个程序的一部分。一旦信用卡数据通过网络安全发送，接收端必须将这16位数字转换为实际支付。这串数据隶属于维萨卡、万事达卡、发现卡（Discover）和美国运通卡（American Express）吗？在商户检查信用卡号是否真实，验证它是否属于提交订单的人，以及确认账户中是否有可用资金之前，商户必须首先确定自己该询问哪家发卡银行。执行此操作的软件，即"付款开关"，会解析这些数据并连接发卡银行。

然后，信用卡公司，即发卡银行，会自行进行验证。借记卡交易则通过账户持有人的银行进行验证。安全检查是为了防止欺诈。

一般的信用卡交易要经过十几个步骤才能获得批准，这些步骤都发生在按下"立即购买"按钮到看见屏幕确认信息之间的两三秒之内。

就像魔术一样。

伊克拉姆和安德鲁想要做的就是创建一款应用程序，可以将钱从个人银行账户转移到其他人的银行账户上。他们的银行官网可以显示他们有多少钱，所以，他们知道这些数据已经是数字格式。那为什么获取这些数据会如此困难？

更重要的是，为什么银行没有自己创建这个功能？

一个答案是，银行根本不屑做这样的事情。银行在开发新技术方面有着悠久的历史，但他们的创新理念始终旨在使自身的流程变得更好、更高效。在客户体验方面创新并不是他们想做的事，即使想做，也不会是一个重要的优先项目，在市场崩溃后的萧条时期更是如此。

但对于软件开发人员来说，创造良好的用户体验至关重要。

即使银行想要创建一个转账工具，也不是像表面看来那么简单的。根据联邦存款保险公司的数据，在2009年，美国只有不到7000家银行[2]。让银行彼此对话已经够难的了，让它们的数据库彼此联通更是不可行和不可能的，因为各家银行的数据库都是按照自己特定的规格创建的。让数据库联通需要做大量的工作，而且银行也没有动力去做。

但伊克拉姆和安德鲁有动力，他们开始行动了。

事实证明，建造一套支付原型并不是特别困难。他们很快就可以彼此互相转账了，还留下了一长串的交易短信收据："伊克拉姆，到账20美元"立刻变成了"科蒂纳支付给你20美元的Nooch餐厅泰式午餐费。"

应用程序可以运行了。

然而，他们却无法获得资金支持。

他们参加了一个又一个的会议，但都没有人看上他们的项目：他们没有业绩记录，没有用户基础，在谷歌之音（Google Voice）上拼凑出的支付原型不足以说服风险投资人。一位投资人打断了伊克拉姆和安德鲁的演示，告诉他们他只对"十亿美元的本垒打①机会"感兴趣。

"这将是一家万亿美元的公司。"伊克拉姆回击道。[3]

这位投资人并没有被说服。大多数投资人都没有听说过"金融科技",一个既不完全是金融也不完全是技术的领域。他们没有理由相信,作为一个行业,它将是有利可图的。他们的赢利模式是什么?这个在朋友之间进行小额现金交易的小工具如何获得巨大利润?

伊克拉姆和安德鲁没有明确的答案,但这并没有改变他们对该应用程序的全情投入。他们继续寻找使用户体验更加流畅的方法,一次次地改进,在整个系统中来回发送了无数条短信。

后来,一件事情引起了他们的注意。

这些往来的交易凭证在不经意间将他们的生活画面生动地描绘了出来。交易清单显示了他们喜欢在哪里吃饭、喝酒,他们喜欢看什么样的乐队演出,他们喜欢和谁共度时光。一旦有人把钱转给另一个人,都是因为发生了一些有趣的事情——而一个人交易的信息汇集在一起,就构成了一个独特的故事。

他们所创造的——纯属偶然——居然是一个社交新闻源。Venmo不只是一种转账的方式,它还可以是一个社交网络,实时发布用户的数据信息。

这是一张巨大的网。

---

① 本垒打是指击球员将对方来球出击后(通常击出外野护栏),击球员依次跑过一、二、三垒并安全回到本垒的进攻方法。——编者注

要是他们能够筹到一些钱就好了。

比尔·雷迪（Bill Ready）很了解钱。

他似乎不太可能成为一个网络企业家：在上大学之前，他甚至从没有使用过电脑。但他悟性好，学东西特别快，而且全身心投入软件研发，不到三十岁，他便成为一家名为iPay网络公司的总裁。后来，比尔以3亿美元的价格将iPay售出，转而接手了一家你可能从未听说过的最重要的互联网公司之一：Braintree。

谈及Braintree，用户几乎感知不到它的存在，这是它的一个特性，而不是一个缺陷。

Braintree成立于2007年，并逐渐成长为数字专家，能够执行电子商务交易所需的所有步骤——10~15次不同的交易信息确认、数据提交、切换和验证——并将它们捆绑起来，以便轻松集成到一个网站中。

比尔为Braintree设定的目标很简单："有些工具只有那些大型电商才能够使用，我们如何才能将它们的使用权大众化并提供给所有人？我们该如何从山顶上取火并把它交给普通大众，以确保它惠及大多数人而不是让少数人受益？"

Braintree的软件让那些想接受在线支付的商家可以为其客户提供一种简单、平顺的购物体验，其品质与亚马逊或易贝一样出色。Braintree可以处理所有复杂的技术和监管问题，从而让商家无后顾之忧，专注于产品销售。

从本质上来讲，Braintree创造了一个整个互联网都可以使用的即插即用的购物车。

对于所有在网上做小生意的人来说，这是一次颠覆性的变革。

但当比尔在2011年接手Braintree时，公司业务转向了一个其他人都看不到的方向，并进行创新，为我们今天的金融科技和电子商务提供了巨大的动力。

比尔认为Braintree应该着手建立一个移动购物平台。

在苹果手机问世的最初几年里，人们很少用它进行购物。使用苹果手机进行购物的体验十分糟糕。到2011年时，苹果手机已经推出4年，应用商店也已经开放了3年，其中3款最畅销的应用程序是愤怒的小鸟（Angry Birds）、快乐滚球（Skee Ball）和白痴测试（The Moron Test）。[4]当时最先进的智能手机是iPhone 4，它运行在一个尚在开发中的3G网络上，速度慢且不可靠。智能手机还没有被用来做一些重要的事情，包括购物。

如果人们真的想在苹果手机上购物，他们必须访问尚未针对移动设备进行优化的网站——因此，他们必须缩小页面才能看到他们要购买商品的模样。然后，他们必须使用拇指输入信用卡信息：姓名、账单地址、信用卡的16位数字、信用卡验证码（CVV）。

到2011年，亚马逊在其网站上推出了一键购买服务，但网站并没有保存信用卡凭证，他们要求用户在每次购物时都手动输入信用卡信息。收集和存储信用卡数据总是会有一些风险，而且，遵从PCI合规存储这些数据需要持续的费用，还需要十分谨慎。对于大多数商家来说，他们没有必要去惹那么多麻烦。另外，如果人们还可以通过台式机和笔记本电脑购物，这样他们就可以使用全尺寸键盘，每次输入付款明细似乎都不太麻烦。

但在移动设备上，这是一件很痛苦的事。

在极少数情况下，当消费者真的遇到用拇指打字的麻烦时，他们会祈祷，当他们点击提交按钮时，3G网络不会断开连接，因为如果断开连接，他们将不得不重新开始整个交易，而他们也不知道第一次交易是否已经完成。

因为有这些移动购物障碍，电子商务行业认为智能手机不值得他们的关注，更重要的是，不值得他们为其投资。

比尔·雷迪不这么认为。

"我开始查看我们的交易流量记录，我会看到来自手机的交易流量以0.5%、1%、1.5%的节奏上涨。"他开始思考摩尔定律，即著名的计算能力每两年翻一番的原理，他意识到：再过几年，手机购物将成为人们购物的主要方式。

他知道他可以让Braintree开发出将这种趋势变成现实的工具，但为了证明公司的投入是合理的，他当然还需要愿意购买这些工具的客户。

说服他们并不容易。

"我会说：'总有一天，人们会通过电子商务平台购买电视和衣服，购买所有的东西，而且都会在手机上买。'然后，他们会笑着把我轰出房间。"

深信不疑

> "我会说:'总有一天,人们会通过电子商务平台购买电视和衣服,购买所有的东西,而且都会在手机上购买。'然后,他们会笑着把我轰出房间。"

比尔·雷迪没有任何数据来证明他的观点。他预见的是一个尚未发生的未来。"在我们制作第一批本地移动支付应用程序接口时,我们实际上对每一笔交易都做了记号。我们对这些交易进行认真统计,没有人会想这样做。"

只要消费者的体验不好,他们就不会再用手机购物,这是一个恶性循环。然而,直到人们停止使用手机购物时,商家才会看到改善手机购物体验的必要性。

比尔知道他必须找到一种方法打破这种循环。他将不得不靠一己之力改善客户体验。

Braintree是所有希望通过手机或非手机进行电子商务交易的小企业追逐的主要专业公司之一,该公司已经与大多数早期成功的移动服务提供商,比如优步(Uber)、爱彼迎(Airbnb)、多宝箱(Dropbox)和愤怒的小鸟游戏的开发商罗维奥娱乐公司(Rovio Entertainment Ltd)建立了关系。他们都对比尔讲同样的话:在他们获取客户的渠道中,最有可能失去潜在客户的地方就是客户必须输入信用卡信息的那个节点。他们需要做的就是,在客户初次输入信用卡信息之后,应用程序可以将其保存,未来客户购物时不需要再次输入这些信息，只需按一个按钮就可以进行购物。

但客户真的不想输入所有这些信息，即使是第一次也不愿意。

比尔知道一些客户不知道的事情：他们认为由优步、爱彼迎（分别成立于2009年和2008年）、多宝箱或愤怒的小鸟保存的信用卡信息实际上是由Braintree保存的。"我们拥有支付资质。所以，想象一下注册了优步、爱彼迎、多宝箱以及玩愤怒的小鸟的用户吧，进入每个应用程序时他们都必须重新输入其付款信息。这无疑是每一个应用程序的巨大痛点。但我们已经拥有了该用户的付款信息，我们知道那个用户是谁。从技术层面来说，我们有能力做到这一点：当你从一个应用程序转到下一个应用程序时，我们可以在那里弹出您的付款信息。"

但是比尔知道他不能那样做。"那样的话，用户一定会被吓坏的。"

对客户而言，Braintree几乎是隐形的，这一点Braintree做得非常成功，它对购物者隐藏了自己的品牌和整个存在，没有人知道互联网上一半的电子商务网站都是在这个平台上运行的，而且还能够在不同品牌之间共享支付信息。

"Braintree存储着数百万张信用卡和大量的已知用户和设备信息。但我们需要的是一个消费者网络。而且，我们需要找到一种方法让消费者明白，当他们使用下一个应用程序时，他们是如何获得自己的支付信息的。"

他需要让自己的隐形品牌看得见摸得着，这样消费者就不会被吓坏。

他需要一个社交网络。

当比尔发现Venmo时，它只有三千个用户，而且都在纽约——银行里的存款也差不多是这个数。该公司刚刚通知员工，他们计划关门。"他们已经没有钱了，而且他们没有一个赢利模式。"

但比尔认为Venmo的用户可能正是Braintree所需要的。

Venmo提供的是一种"点对点"服务，可以将人们彼此直接联系在一起。"点对点服务具有与生俱来的扩散性。如果有人要给你转账，你就得注册。你有很强的动机。"随着越来越多的人使用它，注册的人数就会越来越多，而你也就拥有了大量选择该服务的用户。

比尔设想将Venmo的用户与Braintree用户合并在一起。"这可能是建立消费者网络的一种方式，让人们了解下一个站点是如何获得他们的支付信息的。"如果人们知道，在Venmo注册之后，他们的信息突然之间可以在由Braintree应用程序和网站构成的整个网络中为其所用了，那么，他们就会明白，这是由于他们在Venmo上拥有了会员身份，所以他们的支付信息才能够从一个站点跳跃到另一个站点。

2012年，他决定收购Venmo。"我必须把钱电汇给他们来给他们发工资，这样当我们完成交易时，（仍）会有员工在那里。"

比尔也知道该平台赢利的关键。向银行和符合PCI标准的支付网关发送资金需要费用。"客户不愿意为这些服务支付费用。但是，如果你把消费者带到商家那里，商家会很乐意支付这些服务费。长期以来付款就是这样运作的。我们可以让商家出这笔钱。"

随着Venmo的加入，Braintree实力大增，它们能够为客户提供"一键式"购买体验，这不仅适用于单个应用程序，而且还适用于使用Braintree支付网关的任何应用程序——这一举覆盖了数百万家商户。

移动购物即将变得易如反掌。

次年，Braintree处理的电子商务交易金额达到120亿美元，而其中的三分之一是通过智能手机进行的。正如比尔所预测的，Braintree能够将Venmo货币化，同时也能迅速扩大其用户群。

此时，他接到了易贝及其子公司贝宝首席执行官约翰·多纳霍（John Donahoe）的电话。

在在线支付领域，贝宝曾经是，而且一直是业界的巨头。贝宝成立于1998年，它造就了互联网繁荣时期伟大的首次公开募股[①]之一，此后，该公司每年都在成长。到多纳霍打电话给比尔时，贝宝已拥有1.37亿活跃用户，每天处理将近800万笔付款。

但是，和其他人一样，该公司没有看到智能手机的重要性。"我们知道需要为本地手机重建贝宝，"多纳霍告诉比尔，"我们希望您将您的技术带到这里。"

贝宝以8亿美元现金收购了Braintree和Venmo。

截至2019年，移动支付占贝宝业务的40%以上；仅上一季度，人们就用它通过手机转账190亿美元。

---

① 所谓"首次公开募股"就是该公司首次公开发行上市股票，这是该公司所有者在公开市场上出售其股份的第一次机会。——编者注

只需按一个按键。

使用手机购物和汇款已经司空见惯。这一变化以前之所以没有发生，是因为银行，尽管银行拥有实现这一变化所需的所有技术。后来发生，是因为银行业以外的一些人看到了银行没有看到的东西，他们抓住了这个机会。

但是，现在银行看到了。

2016年，由美国一些颇具实力的银行——摩根大通、美国银行、富国银行（Wells Fargo）、PNC金融服务集团和其他一些银行——组成的财团，成立了一家名为"预警服务"（Early Warning Services）的合资公司。2017年，该公司发布了Zelle，这是一款移动应用程序，允许用户向其他Zelle用户汇款——直接与Venmo展开竞争。

由于Zelle可以直接访问财团旗下所有银行成员，其网络发展迅速，2018年，美国境内的用户就达到2740万，并处理了750亿美元的支付业务。[5]

而且Zelle由银行直接运作，因此它能够即时转账，而没有像Venmo那样存在一到三天的延迟。

Venmo有而Zelle没有的唯一东西就是社交网络——对于一些Zelle用户来说，这倒是一个优势：许多人反对将他们的金融交易信息四处播散。

但这也可能是在银行的关注下发生的变化，因为很多人——尤其是年轻人——确实更喜欢社交网络。"30%的Venmo支付信息中使用了表情符号，"比尔·雷迪在谈到他的服务时说，"而且这个数字还在增长。"

很难弄清楚这是怎么回事。也许，用表情符号传播我们消费信息的社交网络在历史上只是昙花一现，但这反映了我们的社会与金钱互动和谈论金钱方式的根本转变。这种情况的出现，一定程度上要感谢Venmo，有些人将永远不会到银行去了，因为他们可以通过手机相互划转资金。几个世纪以来，人们对个人财务往来的信息总是讳莫如深，如今，人们愿意将这些信息传播到世界各地。对于上一代人来说，这是难以想象的。即使在2010年，这也几乎是不可想象的。

文化变革正在我们面前发生，速度之快令人难以置信。

目前还不清楚银行是否能够跟得上。

第二章

**把钱给
陌生人**

点对点贷款的发明

"下午好。我叫雷诺·拉普朗什（Renaud Laplanche），贷款俱乐部的创始人兼首席执行官。"

2008年的金融创新大会（Finovate Conference）将雷诺的演讲时间安排在了下午，就在午饭之后。结果表明：在纽约皇冠假日酒店后面的会议室里，为数不多的几个人已经头昏脑涨，早上的活动已经让他们筋疲力尽，此外他们还要节省一些精力应付后面的酒会。

但，这没什么。雷诺带着一种轻松、近乎满满的自信望了一眼台下坐着的那一小群听众，把笨重的麦克风夹在蓝色牛津纺衬衫上，然后走上讲台。

他来到金融创新大会是为了发表一个重大声明。

2008年，金融创新大会已经是第二届，而除了这个新兴行业——消费者金融和科技之间新的交融点，一些人开始称之为"金融科技"——的内部人士，没有人真正知道这个会议是干什么的。银行家召开银行会议；技术专家举行技术会议；金融创新大会是一个为少数几个怪人而召开的会议，这些人属于前面那两种人，但又不属于前面那两种人。

贷款俱乐部的首席运营官约翰·多诺万（John Donovan）出席了2007年金融创新大会的创立大会，并展示了他们刚刚推出的产品——他们将其称之为"点对点贷款"。

但就在同一个周末，贷款俱乐部在新出现的点对点贷款领域最大的竞争对手Prosper Marketplace也进行了一个演示，抢走了贷款俱乐部的风头，甚至赢得了大会"最佳展示"的称号。

在接下来的几个月里，两家公司都在发展，但Prosper Marketplace成长更快。然后，贷款俱乐部陷入沉寂，而Prosper Marketplace则继续获得更多的认可和市场份额。

然而，到了本届金融创新大会，雷诺知道这一状况即将改变。

雷诺从未打算成为一个银行家或者软件大亨，但他对商务却颇为精通。他曾获得蒙彼利埃大学的法学学位和伦敦商学院的工商管理硕士，然后他在佳利律师事务所（Cleary Gottlieb）的巴黎办事处担任证券律师，负责合并、收购和公司投资业务。当公司派他去纽约做一个为期六个月的项目时，他非常高兴，他告诉同事他想留在纽约。"这里发生了太多激动人心的事情。"

在佳利律师事务所任职期间，雷诺曾与许多科技公司打过交道，他对这些公司了解得越多，就变得越发好奇。他平常喜欢修补一些东西，看看它们是怎么工作的，看看能不能让它们运转得更好。软件和编写软件的初创公司都引起了这位修补匠的关注。

因此，雷诺决定创办一家自己的科技公司。

他与合伙人一起创立了一家名为TripleHop的公司，该公司专注于企业数据库软件设计，但2001年9月11日，公司所有的工作都被中断。TripleHop公司的办公室位于世贸中心的北楼。"9·11事件"摧毁了公司许多正在开发的软件和所有硬件。

雷诺没有气馁，他用信用卡买了一些新电脑，公司重新开始运作，随后开发出的软件令人赞叹，拉里·埃里森（Larry Ellison）创立的甲骨文公司（Oracle）很快收购了TripleHop。

一夜暴富的雷诺发现自己有了意想不到的空闲时间。他决定先休一年的假，然后再开始酝酿新的商业想法。

然而，他并没有休完一年的假期，在放松了七周之后，他便准备开始一个新的项目，该项目就是创立贷款俱乐部。

 脱媒

"如果你是一名企业家，当看到一个巨大的价差时，你会立刻想：'这是赚钱的大好时机'。"

"度假时，我打开邮箱查看邮件。很明显，我有大把的时间，因为我居然在看我的信用卡账单，通常我是不做那样的事情的。"雷诺可能是第一次注意到，银行对他执行的利率高达18.99%。在他看来，这似乎高得离谱，"特别是考虑到这样一个事实，对银行来说我给他们带来的风险很低"。

他打开的下一封邮件也是他的银行发送来的——那是一份账单，向他展示了他的"高收益"（high-yield）储蓄账户，他注意到该账户为他带来了0.5%的收益。

他意识到，当他把钱存入储蓄账户时，他可以说是以0.5%的利息把钱借给了银行，然后，当他使用信用卡时，他的银行以近19%的利率借给他，息差为18.5%。

那些钱都到哪里去了？

"如果你是一名企业家，当看到一个巨大的价差时，你会立刻想，'这是赚钱的大好时机。'"

他所看到的机会就是脱媒的机会。

他明白，银行之所以要赚取如此巨大的利润——除了贪婪——就是因为它们需要支付基础设施的建设成本。对于一家要拿走你的钱的银行来说，它要维护你的储蓄账户，并为你提供信用卡，就必须维持一个庞大的分支机构网络、数万名员工、过时而又难以被完全替代的计算机系统、自动柜员机以及进行广告宣传等。经营一家银行的成本是巨大的，经营一家全国性银行或者跨国银行更是如此。

但是，有种东西让雷诺感觉不太舒服。他想知道，在这样一个科技时代，人们都使用信用卡在互联网上支付交易费用，这些广泛的银行基础设施存在的必要性到底有多大。我们真的需要那些银行网点吗？我们真的需要那些充当中间人的银行员工，还有那些老旧笨拙的计算机系统吗？

他越想，就越想知道——我们到底需不需要银行呢？

"有没有一种更有效的方式，在拥有资金和存款的人与需要资金和贷款的人之间分配资金？"

他意识到，利用技术将有意愿的投资者与需要借钱的人直接联系起来，并将银行排除在这一过程之外，效率会高得多。

创立贷款俱乐部的想法诞生了。

了解贷款俱乐部的远见卓识，有助于人们了解传统银行贷款的运作方式，还有助于人们记住弗兰克·卡普拉（Frank Capra）执导的电影《生活多美好》（*It's a Wonderful Life*）中那个深受人们喜爱的银行家乔治·贝利（George Bailey）。[1]

电影中，乔治在贝德福德佛斯小镇经营着一家名为"贝利建筑和贷款协会"的小型社区银行。当勤劳的人们想把钱放在一个安全的地方时，他们就会把钱拿到乔治那里。乔治收下他们的钱，并为他们设立分支账簿，记录他们存了多少钱。他会定期在他们的账户中增加一点额外的金额——利息——作为对将钱存入他银行的人们的一种感谢。

当这些银行客户有账单要支付时，他们就想拿回一部分钱，于是他们回到乔治的社区银行，把钱取出来。乔治把他们想要的钱给他们，并更新他们的账目，显示他们还剩余多少钱。

贝德福德佛斯的人们不能完全理解的是：*乔治没有把钱存放在银行里*。银行并未持有这些钱。当他们冲进门来，要求退还他们的存款时，他解释说："你们对这个地方的理解全错了。"

乔治没有把查理所有的钱、汤姆所有的钱、兰德尔所有的钱以及其他人的钱都存放在他房子后面的金库里，并一直存到他们决定关闭账户的那一天。相反，他只保留了这笔钱的一小部分作为"储备"，这足以确保他进行正常工作中的交易，另外再加上一点儿额外资金以备不时之需。

剩下的，他都借出去了。

乔治·贝利的主要业务不是持有人们的钱，而是向贝德福德佛斯的居民发放贷款。当他们需要更多的现金来支付房租或抵押房屋时，他们会到乔治那里借钱。乔治把钱借给他们，他们同意在规定时间内偿还，外加一些利息。这种利息便是银行赢利的方式。乔治就是依靠这种方法来支付银行的所有费用，并给自己发工资的。

那么，乔治从哪里得到他借出的这些钱呢？

这些钱就是查理的钱、汤姆的钱、兰德尔的钱，是所有将存款留在银行的人的综合资产，是乔治没有放在金库里的钱。

"你的钱在你隔壁乔的家里，在肯尼迪的家里，在麦克林太太家里，以及其他一百个人的家里。"乔治告诉他的客户，"你把钱借给他们搞建设，然后他们会尽其所能把钱还给你。"

乔治告诉他们，是你在借钱给他们。借款人会与银行签署一张本票，但乔治向他的客户明确表示，他认为他们是投资者。而他自己只是一个中间人，一个起草合同并保管账簿的人。

乔治的账簿，是一本显示每个人在储蓄账户中有多少钱的册子，而不是乔治金库中的现金清单。这是每个投资者的借据。[2]

点对点贷款的理念很简单：

如果查理直接把钱借给乔如何？

如果借款人和投资者能够绕过银行，那就意味着他们的钱将不会用于支付维持银行运转及其基础设施建设的费用。少了中间人，查理就能够以比银行更低的利率向乔提供贷款，并且能够获得比他在银行开立储蓄账户更高的投资回报。这样做的话应该是两全其美。

那我们为什么不这样做呢？

一个主要的原因就是风险。如果我们把毕生积蓄借给陌生人，然后，陌生人拖欠贷款，那我们就被毁了——不仅被毁了，而且还会因为我们把自己的财富托付给了一个完全陌生的人而遭到羞辱。[3]

这是雷诺打算创立贷款俱乐部时必须克服的第一个挑战：如何说服像查理、汤姆和兰德尔这样的潜在投资者，让他们相信点对点贷款将是一个可靠的、安全的投资方式。

为了让投资者感到安全，贷款俱乐部采取了一个简单的步骤，那就是给他们多样化的投资选择。这种模式不再是"单点对单点贷款"，而是"单点对多点贷款"。也就是说，一位投资者不必将全部储蓄交给一个借款人，贷款俱乐部会帮他将投资分散到多个不同的借款人身上，借给这个人25美元，借给那个人25美元。这样一来，即使一个借款人违约，也不会损失全部投资。

将此功能添加到贷款俱乐部无疑有助于安抚贷款人，但它仍然没有找到贷款俱乐部问题的真正根源。

社交媒体的力量

"从本质上说，我们是让你借钱给互联网上的陌生人。"

"从本质上说，我们是让你借钱给互联网上的陌生人。我们不是这样宣称的！但这就是我们驱动人们做的。在互联网上借钱给陌生人听起来近乎疯狂。"

人们还是习惯把钱存到银行里，这是因为银行总是想方设法让他们的客户感到安全。如果你看看你所在城市街角上的旧银行大楼的名字，你会看到同样的词一次又一次地出现：

忠诚。

安全。

信任。

这是有原因的。这与长期以来用花岗岩、石灰石和大理石建造银行的原因是一样的，银行的建筑看起来像一座堡垒：人们希望相信他们的钱不会丢失。

数百年来，银行基础设施建设都是围绕着这一理念展开的：收集人们的存款，同时秉持忠诚、安全和信任的理念妥善保管这些钱。

这一直是银行基础设施成本的一大来源，它们必须为所有城堡式的银行网点支付费用，而且，在很大程度上，这已经得到了回报：除了历史上几起引人瞩目的偶发事件之外，人们普遍认为他们的钱存在银行是安全的。

但银行坚固的墙和令人安心的名字大多只是为了作秀。银行为保护我们的投资所做的主要事情是风险评估。

银行不会随便把我们的钱借给任何人。他们只会把钱借给那些他们相信有可能偿还债务的人——或者说"有信誉"的人。

如果你回到，比如说，一个像《生活多美好》中描述的时代，银行经理了解他们的客户。这些人每周都会走进银行，无论他们何时存款或取款，银行经理都会将这笔交易记入他的账簿。这意味着银行有充分的机会对一个人的信誉进行非常全面的了解。如果有位餐馆老板来银行申请贷款，想要翻修一下他的餐馆，而银行经理可能认识他，可能在他那里吃过饭，并且亲眼看到餐馆生意兴隆。如果这家餐馆每天晚上都挤满了人，而且餐馆老板每天都开门营业，那么，银行经理就可以轻松对这笔贷款做出评估——对银行来说，这笔贷款没有安全风险。

以前，信誉是非常私人化的。但随着银行的发展和企业化程度的提高，它们失去了与客户的日常直接接触。人们去银行网点的次数也在减少。当他们真的需要去那里时，却发现每次看到的都是不同的出纳员，或者他们使用的是自动柜员机，根本就看不到出纳员。银行经理很难（甚至不可能）根据与某人的相识程度来判定其信誉好坏。

银行需要一种更系统的方法来衡量贷款是高风险还是低风险。他们采用的解决方案就是信用评分。

在美国，三个主要的信用机构艾奎法克斯公司（Equifax）、益百利（Experian）和环联（TransUnion）记录了每个人的借贷历史。他们记录我们承担了多少债务，以及我们偿还债务的速度和可靠性。根据这些数据，每个信用机构使用一种算法为我们每个人打出一个分数。多年来，信用机构一直在试验自己已经申请了专利的评分系统，但现在他们使用了同一个系统：FICO——一个由费尔艾萨克公司（Fair Isaac Corporation）于1981年推出的（以该公司名字命名的）指标，该公司给人们的信用评分在300到850之间。[4]

FICO分数较高（通常为640分或更高）的人被视为"优级"，非常值得信任。

任何分数低于该分数的人都被视为"次级"。

FICO评分有助于投资者评估任何特定借款人的风险。低风险借款人通常获得低息贷款,次级借款人通常必须支付更高的利率,以帮助抵消他们可能拖欠贷款的风险。

通过提供一种标准化的风险评估方法,FICO使贷款人更容易对其投资有安全感。

但它自身也有缺点。由于FICO分数仅基于过去的交易,因此从未有过负债的人便没有FICO分数。这样一来,一个人即使没有不良信用记录,但因为没有信用记录,他也几乎不可能获得贷款。一个总是有稳定、可靠收入并按时支付账单的人,可能会有很高的FICO分数——但这一分数完全无法告诉未来的贷款人此人目前是否有收入来源。

FICO分数是对借款人过去所做事情的准确评估,但不一定能保证他们将来会做什么。

此外,这个分数根本无法衡量这些借款人是什么样的人。像乔治·贝利这样的银行经理可以估量一个人并说"我个人可以为他的人格担保"的日子早已一去不复返了。

肯·林与Credit Karma

当雷诺·拉普朗什在2008年的金融创新大会上发言时,距离他不远的另外一个人正在考虑消费者贷款和信用评分的事,他就是在线信用分数查询公司Credit Karma的创始人肯·林(Ken Lin)。

2008年2月,肯·林推出了Credit Karma,他有一个简单的目标：让人们免费获得他们的信用分数。

"我曾经用过信用监控服务，但不明白为什么监控自己的分数会那么昂贵。我的意思是说，我查看的是我自己的分数。我为什么要付钱？有了这次体验之后，我便开始寻找一种能够让消费者了解自己信用评分的更好方式。"

肯是在钱堆里长大的，但这里说的他在钱堆里长大并非人们通常认为的在富裕的家境中长大：他四岁时，随父母移民到了美国拉斯维加斯。他的父母在赌桌上做发牌员，肯从小看着人们在赌桌上评估风险，从赌场借出现金以期获得更高的回报。慢慢地，他开始琢磨起信用问题。

在从事信用卡和网络贷款业务多年之后，肯发现人们对自己的信用及其对生活的影响知之甚少。信用评级不仅仅决定你能得到什么贷款和信用卡的利率。"它无处不在。它影响着你的一切，影响着你从租房到购买汽车保险的所有能力。"

肯的使命是帮助人们更加了解自己的信用分数以及如何提高自己的信用分数。Credit Karma提供了一个信用评分模拟器，可以展示某些选择是如何影响一个人的信用评级的，它还对适合用户信用评级的金融产品提出了有针对性的建议。"良好的信用评分可以为普通消费者一生节省超过100万美元的利息。就Credit Karma而言，我们的目标是向消费者展示如何优化他们的信用评分并真正省下那笔钱。"

民主化

"99%的人最容易受到伤害，这才是技术真正可以介入的地方。"

当然，像其他任何"简单"的想法一样，创立Credit Karma最终也没有想象的那么简单：公司宣布推出该产品仅几天之后，肯几乎不得不将其整个关停。

"这是一个有趣的故事……"

经过一整年不间断的工作，2008年年初，肯和他的团队推出了一个测试版的Credit Karma网站。该网站处于测试阶段，只对一小部分受邀用户开放，然后，疲惫不堪的肯便匆匆去泰国度了一个假。

让他没有想到的是，当他还在泰国的时候，有人竟对他们的新网站进行了宣传：是发布在《美国银行家日报》（*American Banker*）的一篇评论文章。"我们不想被任何媒体报道。我们还处于测试阶段，但它运转得很好。"

然而，《美国银行家日报》的文章引发了更多媒体的关注和报道——然后，当肯还在需要18个小时的飞行才能返回美国的航班上时，有人泄露了进入测试版网站的注册码。由于该网站仍在测试中，因此，每次有新用户注册，系统就会向肯发送一封电子邮件。当他所乘坐的飞机在美国降落时，他已经收到了6000条新讯息。

媒体的炒作也引起了一些意想不到的关注；在没有任何警告的情况下，在该网站用来提供消费者信用数据的三家信用机构中，有一家决定终止合同。

Credit Karma即将推出一个提供免费信用评分的网站，而与他们签约提供信用评分的一家公司已决定退出。

当时得到那份合同应该是一个小小的奇迹。"没有人愿意与我们合作。之前已经有了一个行之有效的商业模式，创造了10亿美元的收入，而突然冒出我们这么一家公司，竟然说：'哦，我们将免费提供这项服务。'"

肯前一年的大部分时间都花在了撰写协议上，他要让那些信用机构相信，他的公司不会对他们的商业模式构成威胁。

签了合同之后，那些信用机构似乎一切正常。

直到他们读了《美国银行家日报》上的那篇文章。

"我们没有意识到你会那样做——免费提供信用评分。"他们担心这会破坏他们与现有合作机构的关系，其中的许多机构为消费者提供信用评分是收费的。

肯和他的团队从未隐瞒过他们的意图：他们事先说过，他们想免费提供信用评分。

"是的，你申请表填得没错，"信用机构告诉他，"只是我们没有看。"

肯被告知，距离合同终止生效还有30天的时间。Credit Karma的生命还有一个月。

"20天内，我给认识的每一个人、行业中的每一个人、每一位风险投资人、我能找到的每一个关系人都打了电话，但都没有用。"然后，他幸运地得到了一个机会：有人给了他一个名字，此人在那家信用机构任职，他可以跟那个人联系一下。这个人可以推翻终止合同的决定。

"我给他写了一封口气冷淡的电子邮件。我不认识他。我说:'喂,我是Credit Karma的首席执行官,我想你已经终止了与我们的合作。我认为这是个错误,我想告诉你原因。'"

在似乎漫长无比的几分钟之后,那个人回信道:"我们为什么不一起吃个早餐呢?"

"那是我一生中最难入眠的夜晚。距离合同终止只剩7天时间。早上,我要去和他见面——这将是我们唯一的活命机会。"

在共进早餐的过程中,肯说服了那个人,Credit Karma在未来的许多年里都将是一个有价值的客户。

"他们都是了不起的合作伙伴。"肯最近回顾道。

对肯和Credit Karma来说,信用评分只是某件更为重要事情的一个小的组成部分而已。"当消费者想看信用评分的时候,他们实际上是想看信用评分为他们提供的选项。"这些选项可能包括信用卡、汽车贷款或债务再融资能力。"这就是我们的定位。我们是一家技术公司,专注于满足消费者的需求,特别是他们的财务需求。"

自2008年公开发布以来,Credit Karma不断添加其他服务:包括前文提及的信用评分模拟器、一个可以收集用户银行信息帮助他们跟踪资金流向的消费工具,还有一个网上报税系统——而且承诺所有的服务永远免费。

雷诺并不打算取代FICO评分:它仍然是一种有用且经过时间

考验的风险评估方法。但要让贷款俱乐部发挥作用，它需要找到一种方式，在投资者和借款人之间建立起信任——从而让人们感觉在互联网上借钱给陌生人没有那么"疯狂"。

"我们坚定地认为，为了减轻这种冲击感，我们需要在人与人之间建立起某种联系。"

雷诺想要的是一种能够将乔治·贝利式的人际评价方式带回到借贷过程中的技术，一种能够利用网络的力量来证明一个人品行的技术。

让贷款俱乐部感到幸运的是，真有这么一个东西——脸书。

到2006年年底，脸书不再仅仅为大学生服务了：它向公众开放了注册，其用户每年增长三倍。

到2007年，马克·扎克伯格及其团队准备对脸书进行拓展，推出全新的"脸书平台"。他们还开发软件库，允许第三方网站将脸书用户数据集成到自己的应用程序中。

考虑到脸书的用户群——大约有2000万人——这个脸书平台的功能可能是巨大的。

但在向公众推出之前，他们希望精心挑选一些合作方进行试水，向全世界展示他们的理念，这时，雷诺找到他们希望贷款俱乐部能够与其合作。

"我们的目标，"他解释说，"不是让朋友借钱给朋友，而是利用脸书平台，让借款者能够在共享网络（如团体或学校）中找到贷款人。你不会把钱借给完全陌生的人。你借钱给朋友的朋友，或者曾经的校友，或者住在同一个小镇上的人——总之，彼此之间存在某种关联。"

脸书很喜欢这个想法。他们试图找到一些方法使自己有别于聚友网（Myspace），而且他们还想向公众展示脸书平台可以用来做比游戏更有意义的事情。

贷款俱乐部成为脸书首批试水的5个应用程序之一，并于2007年5月24日与脸书平台一起向公众发布。

贷款俱乐部的网站包含一个名为"贷款匹配"的功能，如果其目的不是为了钱，它也可能就是一个交友网站：它允许该网站的用户浏览贷款人的匿名档案，查看他们的信誉，查看他们共享的任何社交网络链接，而且，只需点击一个按钮，即可授权贷款俱乐部启动贷款。

该网站旨在吸引高息信用卡上有欠款的借款人。"信用卡，"雷诺想，"是非常方便的支付机制，但它们也是可怕的信用工具。当你用信用卡消费时，如果你把欠款转到下个月，你将承担17%或18%的利率。我们可以以平均12%的利率对这些余额进行再融资。"

关于投资者，贷款俱乐部并没有寻找财大气粗的银行家或者对冲基金经理来提供贷款，任何想获得比储蓄账户更高回报率的个人，只要有1000美元便可以进行投资。

与脸书的合作帮助雷诺将贷款俱乐部带上正轨。在最初的100天里，贷款俱乐部帮助脸书用户投资和借贷的数额超过100万美元。

但该平台的缺点很快便暴露出来。

2007年，脸书发展势头不减，但它仍然是一个主要由大学生和年轻人使用的平台，而且，它赖以出名的还是应用程序Scrabulous和SuperPoke。这不是一个严肃的投资者希望建立其投资组合的地方。

"从拓展公共关系方面来说，这是一个非常好的主意，而且长远来看，它的确可以帮助我们取得更大的成功，"雷诺说，"但就创造贷款机会而言，这是一个不值得推崇的想法。"

但脸书只是贷款俱乐部遇到的小问题。更大的问题是美国证券交易委员会——该委员会是监管美国证券交易的政府机构。

雷诺一直密切关注着美国证券交易委员会，主要原因是他不知道该委员会对点对点贷款的看法。他的行业太新了，还没有人知道是否应该或者如何对其进行监管。这让贷款俱乐部和其他点对点贷款机构有了创新的自由，可以从头开始创建一个全新的行业，但这也让他们时刻面临着被监管的可能。

雷诺不想与美国证券交易委员会发生冲突——他不想在没有必要的情况下捅马蜂窝，特别是当政府监管机构要让他的公司遵守20世纪30年代制定的法律时，而制定者从未预料到会出现基于互联网的点对点贷款这种新事物。银行业的文化，特别是华盛顿方面关于银行监管的文化，并没有跟上技术快速发展的步伐。

"我发现，真正有趣的事情是，"雷诺说，"'金融'与'技术'的协调。这几乎是金融科技公司必须调和的双重文化：一方面，有些人很有创新精神，他们总是想着让世界变得更美好；另一方面，金融服务人员了解工作所需的约束条件和获得资金所带来的责任，以及金融服务产品所需的合规、监管框架和严谨知识。让这两种类型的人相互理解并很好地合作，对于任何一款金融科技产品来说都是其成功的关键因素。"

雷诺既是一位资深的证券法专家，又是一家非常成功的软件公司的创始人，可谓集金融和技术于一身——正因为如此，他决定拿起电话打给美国证券交易委员会。他认为，如果他能超前一步，帮助建立监管框架，那会更好。

事实证明，雷诺的电话打对了，因为美国证券交易委员会对点对点贷款的理解与他完全不同。

贷款俱乐部最初被认为是贷款人与借款人之间取得联系的一种方式，就这么简单。在借贷交易中，该公司只起到了牵线搭桥的作用：就像Etsy将珠宝制造商与客户联系在一起一样，它是将借贷双方联系在一起。Etsy并不拥有艺术家在其平台上出售的珠宝，而贷款俱乐部也未持有贷款所需的资金。

在最简单的点对点贷款中，一个人直接向另一个人贷款。但这并不是一项伟大的投资，因为这会让贷款人面临巨大的风险：如果借款人违约，贷款人就失去了一切。贷款俱乐部的客户需要拥有分散投资的能力，将投资分散到许多不同的借款人头上。贷款俱乐部已经将此项功能构建在平台中。

贷款俱乐部认为，让贷款人能够将1万美元的投资分散成25美元的额度，是点对点贷款自然发展的结果。这并没有实质性地改变雷诺及其团队对业务的看法；它只是让所有相关人员的业务更加安全。

但美国证券交易委员对此却有不同的观点。在他们看来，一旦贷款俱乐部将其贷款拆分并开始分批出售，那么该公司的角色已经不再是一个简单的牵线人，而是在从事证券销售业务。这意味着贷款俱乐部需要像其他证券交易所那样受到监管。

问题是，美国证券交易委员不知道如何监管点对点贷款机构。在贷款俱乐部向证券交易委员会提交注册申请之前——这通常是一个复杂而耗时的过程——证券交易委员会需要确定该公司以什么名义注册。

在接下来的几个月里，贷款俱乐部与证券交易委员会密切合作，以确定这一新行业应该如何被监管。

然后他们便开始等待。

后来，美国证券交易委员会给他们发来一份文件，其中包含一个强制性的"缄默期"条款，在此期间，贷款俱乐部无法开展新业务。该公司现有的贷款保持不变，但不能接受新的贷款人，直到美国证券交易委员会完成漫长、繁复的登记程序，而且这也无法保证在这段缄默期结束之后，注册是否会被批准。

与此同时，Prosper Marketplace决定不在证券交易委员会注册，其业务量继续增长。

当雷诺在2008年10月在金融创新大会登上讲台时，他知道了两件其他人都不知道的事情。

第一，贷款俱乐部刚刚从美国证券交易委员会获得了完整的注册，并在法律上获准出售证券化的点对点贷款。

第二，贷款俱乐部的竞争对手没有一个具有这样的资格。

事实清晰地表明，雷诺与美国证券交易委员进行主动接洽的决定是正确的，因为2008年11月24日，贷款俱乐部的竞争对手Prosper Marketplace因违反《美国1933年证券法》（*The Securities Act of 1933*）而被签发了禁止令。这是一次代价高昂的挫折，也是雷诺一直在引导公司极力避开的事情。Prosper Marketplace花了9个月时间和1000万美元与美国证券交易委员会在法庭上达成和解，获得了美国证券交易委员会的注册资格，最终重新开业。

2008年秋天，金融业发生了另外一件事：金融危机。9月，次贷危机爆发。世界第四大投资银行雷曼兄弟申请破产，并引发连锁反应，资本市场出现了大萧条以来从未见过的动荡。股市暴跌，美国经济陷入衰退，银行突然资金紧张——因此也不太愿意放贷。

次贷危机变成了信用危机。

了解金融危机

如果你想了解"金融科技"的兴起——也就是说，如果你想了解像Venmo和贷款俱乐部这样的技术是如何改变我们与银行和货币的互动方式的——那么，你会很容易看到苹果手机、移动网络以及我们越来越多地使用社交媒体在带来这些变化方面所发挥的重要作用。

但我们往往忽视了金融危机的作用。

2008年的金融危机始于"次贷危机"。正如我们从乔治·贝利那里了解到的，抵押贷款是银行资产负债表的一个重要组成部分：银行把钱借给购房人，购房人会分期偿还这笔钱，并支付利息，这对银行来说是可靠的利润。抵押贷款是银行能提供的最安全的贷款之一，因为购房人把房子作为了抵押物。购房人，即借款人希望保住自己的房子，因此，即使在经济困难时期，他们也会尽最大努力偿还贷款；如果借款人确实违约了，那么房子就归银行所有。对银行来说，这一直是一个双赢的业务。

但在21世纪的第一个十年，情况发生了变化。抵押贷款机构开始向越来越多的借款人提供越来越多的贷款，包括那些没有能力偿还贷款的人。

原因是多方面的。21世纪初，相对较低的利率使得人们更容易负担抵押贷款，包括那些在高利率环境下可能被房价挤出住房市场的人。美国联邦政府通过《社区再投资法案》（*Community Reinvestment Act*）等项目推动了这一趋势。该法案旨在通过鼓励银行在低收入社区发放贷款，减少抵押贷款中的歧视。与此同时，急于争夺这项业务的银行开始放宽贷款条件，并鼓励员工发放更多的抵押贷款。这导致更多的人买房，反过来又推高了房价，进而导致发放更大规模的抵押贷款。这一循环周而复始。

仅是这些条件就足以在房地产市场形成泡沫，而泡沫迟早会破灭。然而，2008年金融危机之所以是一场异乎寻常而又绝无仅有的灾难，都是因为抵押证券化。

由于人们倾向于偿还抵押贷款，而且抵押贷款是有抵押的，因此这些贷款的风险相对较低，这使得银行可以将大量抵押贷款组合成一种称为"抵押证券"（mortgage-backed security）的东西向投资者出售，保证这些抵押贷款是安全而有利可图的投资。

21世纪初的房地产繁荣让投资者对这些抵押证券产生了极大的兴趣，为了满足这一需求，投资银行创造了各种各样的创新投资产品——种类繁多，环环相扣。这些投资产品是押注于押注的赌注——所有押注都依赖于一场潜在的豪赌，即房地产市场将继续上涨，人们将继续支付抵押贷款。

世界上最大的投资组合，包括退休基金和养老基金，都与抵押证券相关的押注捆绑在一起。

不幸的是，押注失败。到2007年，次贷借款人中拖欠抵押贷款的越来越多，当银行取消这些房屋的抵押品赎回权时，局面一发不可收拾，房价大幅下跌。

这不仅给房主带来了问题，还给所有持有抵押证券的人带来了问题。投资者匆忙抛售抵押证券，结果发现没有买家。投资银行的资产负债表上充斥着没有实际价值、无法出售的资产，如果他们无法售出，这意味着银行也无法获得偿还债务所需的现金。几乎在一夜之间，各大银行都发现自己陷入了流动性危机，而那些持有抵押贷款最多、现金最少的银行则面临着随时破产的危险。

这就是9月15日发生在雷曼兄弟身上的事情，如果不是美国政府的干预，其他银行也会很快倒闭。10月3日美国联邦政府签署生效的《问题资产救助计划》允许美国财政部购买这些原本无法出售的抵押证券，并向市场注入急需的流动性。

对银行来说，这些援助的代价是高昂的。首先是公众情绪：当华尔街收到政府7000亿美元的支票时，银行在危机前可能拥有的所有信誉都荡然无存。根据盖洛普咨询公司（Gallup）的数据，到2010年10月，人们对银行的信任度达到了历史最低水平。

此外，还有一些有形的成本。作为救助的交换条件，政府要求投资银行重组为"银行控股公司"——这意味着，与商业银行一样，这些银行需要留出大量资金作为"准备金"，以防止未来的流动性危机。银行过去能够投资的资金现在必须被安全地锁起来，以备不时之需。

投资银行也经历了最糟糕的一次剃头，对剩余的钱进行投资时需要慎之又慎。高风险赌博和高风险贷款的时代已经结束；如今，除了最安全的贷款之外，银行对所有的贷款都变得极其吝啬。他们没有心情进行创新。在他们看来，创新首先会让他们陷入困境：创造实验性金融工具，会让太多人进行交易，却很少有人能理解。2008年后，银行认为，弥补损失的最佳方式是坚持久经考验的真实商业实践模式，避开任何看起来有点创新的东西。

就在硅谷开始探索新兴技术如何吸引日常银行业消费者的时候，华尔街却把注意力集中在了其他方面：自身。

贷款俱乐部发现，无论是对于无法再次获得银行贷款的借款人，还是对于渴望将资金投入比零收益的储蓄账户更有利可图的地方的投资者来说，自己正处于一个填补空白的位置。2009年，贷款俱乐部投资者的回报率超过了美国国库券、大额可转让定期存单、标准普尔500指数和纳斯达克指数——人们注意到了这一点。

事实证明，点对点贷款是一种可靠的赚钱方式，而投资者——

不仅仅是个人，还有养老基金和资产管理公司等机构投资者——将越来越多的资金投入贷款俱乐部。2010年，该公司发放了2500多笔贷款，价值超过1.26亿美元。次年，这些数字跃升至21721笔贷款和2.57亿美元，而之后的一年时间里，它们又翻了一番多：达到53367笔贷款，价值7.18亿美元。[5]

其他点对点公司也开始为贷款市场的不同领域提供服务：SoFi专注于学生贷款再融资，Kabbage为小企业提供贷款，PeerStreet专做房地产贷款。2018年，美国点对点贷款行业总共带来了30多亿美元的收入。

一个在2006年尚不存在的行业已经成为全球经济的重要组成部分。

凯瑟琳·佩特里亚建模之路

据《福布斯》（Forbes）杂志报道，凯瑟琳·佩特里亚（Kathryn Petralia）曾经想当一名英语教授，但后来却成了世界上最有权势的女性之一。[6]

凯瑟琳是Kabbage的联合创始人和运营负责人。Kabbage是一家金融科技贷款公司，成立于2008年，目前市值超过12亿美元。[7]

Kabbage通过提供上限高达25万美元的快速、便捷的商业贷款而蓬勃发展。通常，小企业依赖贷款和信贷额度来获得"营运资本"——他们需要现金，比如说，用于购买存货、支付工资，以及在等待别人付款时用于自身发展。没有流动性，任何企业都很难维持运营。

但银行在小企业贷款上很难赚到钱。最大的原因是文书工作：对一家企业进行审查，确定它是否可信以及确定每笔贷款的风险都需要时间——从银行的角度来看，还不如将这些时间用在向大公司提供更大、更有利可图的贷款上。小企业，甚至信誉良好的小企业，基本上得不到充分的服务[8]。

这就创造了企业家喜欢称之为"空白领域"的需求，一个尚未被市场满足的需求，Kabbage迫不及待填补这个空白。

任何类型的小企业都可能需要借钱，但当Kabbage创立时，它只专注于非常特殊的一类小企业：易贝卖家。"这是一个已经服务供给不足的市场内的服务供给不足的细分市场。"凯瑟琳说。

原因是数据。2008年，易贝在其平台上与假冒产品和欺诈行为做斗争，公司开发软件，允许第三方查看卖家的实时交易数据——看看一个商家在易贝上卖了多长时间的货，有多少顾客对它感到满意或不满意以及其业务的增长和衰退，等等。易贝发布这些数据是为了帮助网站上的买家评估从任何特定商家采购的风险。

当Kabbage的创始人看到如此丰富的数据时，他们想知道是否可以更进一步：他们可以利用易贝的数据来评估贷款给这些商家的风险吗？他们能否利用易贝的数据对企业的信誉进行自动化的算法判断，并开始提供贷款？

事实证明他们可以这样做。

"正是因为这些数据，"凯瑟琳说，"我们才能够为以前无法得到服务的人群提供服务。"

搞清楚如何使用这些数据并不容易。尽管Kabbage能够访问商家在易贝上的完整历史，但这并不能说明哪些商家有能力偿还债务，哪些商家没有能力偿还债务。当时还没有将易贝商家的数据转化为信誉度衡量标准的现有模型。Kabbage不得不从头开始创建一个模型。

凯瑟琳解释说，创建模型的方式就是"让很多人欠你钱"。最初几年，Kabbage对哪些人会偿还贷款或哪些人不会偿还贷款进行了有根据的猜测。"我们的第一个模型是一个简单的公式，即使是我这个英语专业的学生，也能写出这个公式。"

Kabbage团队把钱借出去，然后等着看他们的猜测是否正确。每当一个商家在还款方面遇到困难时，团队就知道他们猜错了——但是，每一笔失败的贷款都代表了新的数据，而新的数据为团队提供了新的学习机会。"如果没有一些不良贷款，你就无法建立起一个风险模型。所以，你要冒险调整定价，继续测试，然后你就会看到算法性能的改善，"她说，"就是这样。整个过程就是这样。"

不久，Kabbage就创建了数据模型，使得该公司能够向易贝商家提供有利可图的贷款，这些商家是市场上规模最小、最不稳定、最不可预测的经销商。"如果你能让易贝的那些商家赢利的话，"凯瑟琳笑着说，"坦白地讲，你可以做任何事情。"

从那时起，Kabbage逐渐将业务扩大到亚马逊上的经销商，然后扩大到一些实体企业。Kabbage每次添加一组新客户，就意味着获得更多的新数据，而这些新数据有助于设计更好的模型。"现在，我们有各种各样的机器学习技术和一个数据科学家团队来完善这些优势，使之变得更好。这有助于我们拓展新市场，并提供更好的定价——而且我们的价格肯定是由客户决定的；仅从这个模块，你就可以看到所有分析技能都在结出果实。"

这些数据建模让Kabbage有了一些惊人的发现。"社交数据比信用数据更具预测性，"凯瑟琳说，"我们的客户使用脸书，大企业则使用Salesforce，但它们都是客户关系工具而已。他们使用社交媒体来交流产品信息，开展促销活动，以及解决纠纷，因此，这是一种衡量人际关系的方式。缺乏交流将带来消极的预测，而大量交流将带来积极的预测，"她解释说，"我永远不会对脸书的数据自行进行处理；但我们经过数据分析发现，建立一个独立的脸书模型，比独立的FICO模型更具预测性。"

有时，机器学习识别的模式很容易理解，有时则不然。"我们建立了一个比FICO更具预测性的模型，然后发现了一件有趣的事情：将货物发往加利福尼亚的客户比那些将货物发往其他地方的客户表现得更好。为什么会是这样？这可能有8000万个原因。"

数据不会撒谎，但也不能代表一切。"你想知道为什么。让机器在无人监督的情况下完成所有工作是有问题的。你需要一个能将你看到的结果与现实世界中真实的原因联系起来的人。说到底，这是人需要做的事情，"她说这就像英语专业的学生，"你想要理解，就必须阅读。"

让机器完成部分工作使Kabbage的许多流程实现了自动化：Kabbage大多数的客户都能在10分钟之内获得贷款和资金。这种自动化降低了公司的管理成本，并使其能够做银行无法做或不愿做的事情：通过小企业贷款赚取高额利润。

但是，点对点贷款行业是否兑现了承诺？

毫无疑问，在这段历史上的低收益期，它为投资者和借款人提供了更好的利率。

然而，为了确保这些高回报率，大多数点对点贷款机构拒绝了除最安全的借款人以外的所有借款人：贷款俱乐部拒绝了80%到90%的贷款申请人，其客户的FICO平均得分在700左右。[9]这些人可以在任何地方获得贷款。与此同时，信用差的人——那些银行最不愿意为其提供服务，而不得不从其他渠道获得贷款的人——在贷款俱乐部及其同行中也难以得到太多的同情。

随着贷款俱乐部吸引越来越多的机构投资者，它逐渐偏离了其最初的"社会借贷"（social lending）理念。2007年，贷款俱乐部可能是一个查理借钱给乔的地方。但如今，与其说它是点对点金融，倒不如说更像是一个对冲基金和银行可以投资低风险、高收益证券的地方。该公司董事会成员包括美国财政部前部长拉里·萨默斯（Larry Summers）、摩根士丹利前首席执行官约翰·麦克（John Mack）和维萨前总裁汉斯·莫里斯（Hans Morris）。这种文化已明显变得更"金融"而不是更"技术"。

2016年5月，在贷款俱乐部里，"金融"和"技术"两种文化发生了令人震惊的冲突，公司董事会宣布他们"接受了雷诺·拉普朗什辞去董事长兼首席执行官一职的辞呈"。[10]

导致这一情形的原因有点复杂。在发布季度收益报告的前几天，雷诺本人发起的一项内部调查显示，有几起违规行为令董事会感到震惊。首先，贷款俱乐部在不符合要求的情况下向杰富瑞投资银行（Jefferies）发放了2200万美元的贷款。"这2200万美元的贷款销售对财务的影响很小，"董事会在一份声明中说——但在财务报告发布之前的特殊时期，他们希望避免出现任何可能的违规行为，"董事会无法接受违反公司商业惯例以及在审查期间未充分披露的行为。"[11]

调查还提醒董事会，雷诺投资了一个名为Cirrix Capital的基金，该基金拥有1.145亿美元贷款俱乐部的贷款。雷诺已经向公司内部的适当渠道通报了这项投资，但一些董事会成员说他们不知道调查结果，并声称雷诺没有通报。同样，贷款俱乐部董事会担心出现不当行为。他们决定，为了公司的利益，公司创始人应该辞职。

"这次经历带给人的沮丧和失望令人难以置信，"雷诺说，"主要是由'错误和沟通失误'造成的。"

马克·扎克伯格有一句座右铭来描述脸书和硅谷大部分公司的创新："快速行动，打破陈规。"十年来，这句格言一直是金融科技发展的驱动力：尝试一些以前从未做过的事情，看看它是如何工作的，并在它发生故障时修复它。

但对于银行监管机构来说，"快速行动，打破陈规"是一种可恶的想法，因为他们的职责是确保金融体系安全稳固。他们宁愿"慢步走，安全行"——这种想法成为银行高管，甚至那些最终加入日益壮大的金融科技公司的高管文化的组成部分。

这让我们回想起雷诺关于需要协调"金融"和"技术"的解释。"当你在一个受监管的行业进行创新时，"雷诺解释说，"你会面临一系列不适用于你所做的事情的规章制度。因为你所做的事以前并不存在，这就意味着上述的规章制度要强加于那些完全不同的事物。所以，要想把一个方形的钉子插进一个圆孔里需要很多努力。"

这是雷诺担任贷款俱乐部首席执行官的最后一个周末发生的主要事情。"当时一系列的决策，我想，是由应用错误框架的人在最激动的时候做出的。他们在解决问题时没有使用创新框架，即'哦，我们打破了陈规；让我们把它修复一下'，然后确保自己别再闯大祸。他们运用的是银行监管机构和华尔街的框架，寻找欺诈和利益冲突。我认为这行不通。"

贷款俱乐部宣布雷诺辞职几天之后，美国证券交易委员会开始对这一系列事件展开调查，雷诺最终与该机构达成和解，他既不承认也不否认有不当行为。"我很高兴，"他在一份声明中说，"我们现在可以把这些问题抛在脑后，把重点放在让消费者更能负担得起信贷的重要目标上。"[12]

雷诺一往直前：成立了一家新的在线借贷公司，名为Upgrade。"如果必须开口，我们有一长串的话要说；如果必须从头再来，我们会换个方式来做——我们会充分利用过去十年所得到的经验教训以及从投资者、借款人和合作伙伴那里得到的反馈。那里有足够的资源，我们认为，是的，从头开始构建一个新的平台是值得的。"

硅谷认为它是"2.0版"的网络贷款平台。

许多贷款俱乐部的原始支持者抓住机会转而支持雷诺的新企业：Upgrade公司6000万美元A轮融资是美国金融科技初创公司有史以来获得的最大的一笔资金。值得注意的是，第一家从Upgrade获得贷款的是杰富瑞投资银行——购买导致雷诺被逐出贷款俱乐部的问题贷款的那家银行。

如今，雷诺对西海岸创新者和金融监管机构之间的文化差异有了更加清晰的认识。"在Upgrade，我们有机会获得更好的平衡，这种平衡不仅体现在人员和文化方面，而且还体现在运营原则和流程方面。"

他喜欢快速行动，但这并不意味着他急于打破陈规。"银行业受到监管是有充分理由的，因此，保持这种平衡非常重要。许多年轻的金融科技创业者并不一定非要学习我们的双重文化，不过他们似乎低估了监管、合规等规章制度的重要性。"

> ### ▮ 平衡创新与监管
>
> "银行业受到监管是有充分理由的，因此，保持这种平衡非常重要。许多年轻的金融科技创业者并不一定非要学习我们的双重文化，不过他们似乎低估了监管、合规等规章制度的重要性。"

他的故事对金融科技领域的任何人来说都是一个警示。"我担心，"他说，"这些问题可能会重演。"

第三章

**聚合
与自动化**

全新的个人理财之道

　　25岁时，阿伦·帕兹尔（Aaron Patzer）决定在一个他之前未曾给予太多关注的行业里掀起一场风暴。

　　阿伦曾就读于杜克大学，攻读计算机科学、电气工程和计算机工程三个学位。之后，他报名参加了普林斯顿大学的课程，准备攻读工程学博士学位。当他已经通过了"资格考试"——决定学生能否继续攻读博士的资格考试时，他遇到桑迪·弗雷泽（Sandy Fraser）。

　　桑迪·弗雷泽曾是贝尔实验室的首席科学家。这家著名的研究公司研发了晶体管、激光器以及Unix操作系统等。弗雷泽刚刚离开贝尔实验室，创办了自己的弗雷泽研究公司，并为阿伦提供了一份工作。

　　这份工作以及对桑迪非凡生活的了解，使阿伦认识到他不想成为一名学者，他想成为一名企业家。于是，他从普林斯顿大学退学，开始在这家私人企业上班。"这可能是我走得最正确的一步。"

　　创业对他来说并不新鲜。他16岁就创建了第一家公司，建立网站为上大学攒钱。他已经搞清楚了企业经营的套路，不过，了解这些套路有时是非常艰难的："我有点把个人财务和公司财务弄混了。"为了更好地管理自己的资金，1997年，他做了任何一个懂技术的孩子都会做的事：去商店买了一张Quicken软件安装盘。

　　Quicken是一款个人理财软件，由Intuit公司开发，是首批消费者金融科技产品之一——当时还没有"金融科技"这个词。1983年，Quicken首次发布，推出了两个独立且完全不兼容的版本，一个用于MS-DOS（因为这是在Windows之前），另一个用于Apple Ⅱ（因为这是在Macintosh之前）。Quicken本质上是一个电子表格，人们可以用它来输入和跟踪自己的财务状况，为不同类别添加标签，以帮助更好地控制消费习惯。

"我非常虔诚地对待这件事情，"阿伦说，"我会在每周日下午管理我的财务，大约花费一个小时，以确保我所有的账户都能够保持平衡。"大学四年以及在弗雷泽研究公司和国际商业机器公司（IBM）工作期间，他都周复一周、年复一年，坚持不懈地做着这件事情。

然后，他到了一家名为Nascentric的初创公司，工作开始忙碌起来。非常忙。

"我每周工作80到100个小时，大概有5个月时间没有打开过Quicken。"当他再次打开软件并导入银行数据时，账目乱得一塌糊涂。"我可以看到我所有的交易，没错，但为了看到我的钱去了哪里，我不得不坐在那里，把几乎每一笔钱都重新归类。"Quicken有一个功能，可以自动将每笔交易进行归类（杂货、公共事业、差旅等），但通常情况下，该软件会出现归类错误，需要用户撤销所有自动工作并手动重做一遍。

"此时，我本可以花一个下午的时间对每一笔交易重新进行分类。但是……我采取了另一种策略：我创办了一家公司，让个人理财变得轻松又简单。"

这就是阿伦创建Mint.com的驱动力——创建一个易于设置、操作简便,用于替代Quicken和Microsoft Money的解决方案。在该方案中,自动化为人们提供的帮助是实实在在的,绝非只是停留在口头上。

2006年,阿伦已经开始研究这个想法。首先,他用工程师的思维仔细思考了交易类别的问题,阿伦意识到:"通过使用黄页,我可以更准确地对这些交易进行分类。"他并不是在挖苦人:从本质上来说,电话簿就是一份经销商名单,而且已经分为不同的类别。"我得到了一个包含2000万商家的数据库,分类准确率达到了90%左右。"

电话簿里没有的是问题的另一部分:人们的个人银行数据。为使其新网站更具实用性,阿伦需要将它与现实生活中的数据联系起来——但他不知道如何做到这一点。如何取得需要特许才能访问的银行信息呢?

未经客户许可,银行不会允许任何人获取他们的数据。因此,如果他想拥有客户,就需要像Intuit一样赢得客户的信任,让客户向他提供他们的私人账户信息。

解决信任问题并不容易——但对阿伦来说,与数据这个更大的问题相比,信任问题似乎很小。即使他可以让客户为他提供访问银行账户的权限,他也必须编写能够检索该数据的软件,而该软件只适用于这一家银行。2006年,美国有7000多家银行,其中大多数都有自己的专有软件系统,而每一个都略有不同。[1]

所以,这不是阿伦能够一次性解决的问题,这是一个他需要解决7000次的问题。

他的心沉了下去。即使有可能，也需要数年时间。可能需要10年时间。

此时，他注意到了Yodlee。

当阿伦酝酿Mint.com时，Yodlee已经运行将近10年时间。在互联网繁荣初期，Yodlee的创始人——文卡特·兰根（Venkat Rangan）、山姆·伊纳拉（Sam Inala）、斯利哈里·桑帕斯·库马尔（Srihari Sampath Kumar）、P. 斯雷兰加·拉詹（P. Sreeranga Rajan）、罗摩克里希纳·"施瓦克"·萨蒂亚沃鲁（Ramakrishna "Schwark" Satyavolu）和舒克辛德·辛格（Sukhinder Singh）——都曾在微软、亚马逊等软件巨头以及学术界工作过。他们6个人共出版了80多部著作，拥有30项专利。[2]

1999年，他们聚在一起尝试做一件与众不同的事情。

互联网行业急剧扩张，从1994年不到3000个网站增长到1999年的300多万个网站。[3]逐渐地，人们需要访问几十个不同的网站才能够获取日常生活所需的信息。Yodlee的团队希望创造一个网站，将所有这些多样、流动、不断变化的信息整合在一起。"用户就不必访问十几个网站，"兰根说，"我们会确保这些网站都能找到你。"[4]

Yodlee是较早进入"聚合"这一新兴领域的企业。

据在该公司长期担任首席执行官的阿尼尔·阿罗拉（Anil Arora）说："Yodlee真正的创新是软件机器人概念，与谷歌等搜索公司使用的爬虫代理非常相似，他们创造的是模仿消费者行为的软件代理。"

Yodlee创始人研究了数百个网站，查看数据是如何显示的，然后他们创建了软件代理，从各个网站"抓取"数据，并将数据传递到一个聚合网站，用户可以在其中找到被整合在一个特定位置的相关信息。

"这是为了抓取你所有的个人数据，"Yodlee创始人舒克辛德·辛格说，"你的飞行里程被抓取了，你的账单被抓取了，你的银行账户信息被抓取了，你的回报计划被抓取了——只要你有一个账户，Yodlee就能够将它抓取。"

其目的是创建一个用户可以访问的"仪表盘"，也就是一个页面，该页面可以穿过互联网迷宫，成为人们每次打开网页浏览器时的默认起点。"如果雅虎是你所有新闻信息的来源，那么Yodlee就是你所有个性化信息的来源，"辛格说，"这是公司最初的计划。"

该计划并未持续太久。

让软件代理从众多不同的来源获取、解码和再现众多不同类型数据的劳动强度巨大，而且从本质上讲并不赚钱。但Yodlee发现了一个有意采用该技术的行业——金融业。

"我们有一家来自亚特兰大的小型竞争对手，名为VerticalOne。我们也知道他们正在与花旗银行和Intuit接触，希望成为这些公司的贴牌的信息聚合器，"辛格说，"如果我们不努力争取这笔生意会怎么样？如果他们赢得了花旗银行和Intuit会怎么样？我们刚想进入这个领域，他们却领先我们一步。"

为什么银行会聘用一家公司来搜集自己的客户数据？

到21世纪初，银行已经进行了大量投资以发展计算机技术：它们已经使用定制的"核心银行业务"软件管理客户交易长达30年之久。随着其产品和需求的变化，软件也在不断发展。银行（尤其是大银行）配备了庞大的计算机程序员团队，年复一年地维护这些复杂、陈旧的系统。银行软件的任何更新或修订都必须在不破坏软件原有功能的情况下进行，因此代码变得更加复杂和神秘，在工作区的基础上构建工作区，这使得未来的修订更加困难。

简而言之，银行被几十年的老平台困住了，这些平台越来越难用，也越来越难改变。

但Yodlee开发的抓取网页并解析其内容的技术为银行提供了一种全新的可能，这种技术可以从混乱的系统中获取干净的数据，而无须对底层软件进行昂贵而复杂的大修。

"如果想参与一个长期的银行转型项目，你可以花费数亿美元来构建系统集成，以整合所有客户记录。"辛格说，"你也可以采用Yodlee，直接穿过前端。如果你能让消费者给你他们的密码，那就太棒了，这样你就可以抓取数据了。"

Yodlee得到了Intuit的合同，然后又拿到了花旗银行的合同。"我们参与了竞争。我们实际上成了一家对公的企业公司。"

这真是一场竞赛，因为银行不只是想从自己的系统中查看客户的银行数据，他们还想查看客户在其他银行的账户。

"一个美国消费者，"Yodlee前首席执行官阿罗拉说，"平均会有14个不同的账户。他有一个支票账户，他可能有一个储蓄账户，他通常平均有6张信用卡，他有抵押贷款，他可以得到汽车贷款，他开始通过401K计划为退休进行储蓄，他有一个投资账户。他有了孩子，开始为孩子的教育存钱。诸如此类，他的财务生活被搞得支离破碎。"这就是弗雷斯特研究公司（Forrester）分析师所说的"破碎型银行模式"。

 这是谁的数据？

> "一个美国消费者平均会有14个不同的账户……他的财务生活被搞得支离破碎。"

花旗银行希望更全面地了解其客户的总体财务状况，这不仅需要从其自身网站获得数据，还需要从客户在其他银行的账户上获得数据。"为什么银行会想知道你在其他地方有哪些账户？"辛格自问自答，"因为从理论上来讲，如果他们知道你没有开通他们的信用卡业务，他们就可以向你推销。"

但为什么客户会向花旗银行提供他们所有其他银行账户的登录信息？这与他们可能会让早期版本的Yodlee访问他们的飞行常客酬宾账户、账单账户和回报计划的原因是一样的：即可以更方便地在一个地方查看所有信息。

"那些讨厌Yodlee的人会说：'等等，你准备获取我客户的数据，并把它放在别的地方？这不违法吗？'我们会说不违法——消费者已经签署了这些服务条款。你认为你控制着消费者的数据，但其实这些数据是由他们自己控制的，他们有权决定将这些数据聚合到哪个网站上。如果消费者决定利用花旗银行的服务聚合数据，他们就可以输入密码并进行设置……然后，他们便可以在任何一个第三方网站上看到这些数据，没有任何问题。"

花旗银行相信，访问客户的其他账户最终也会让客户受益：如果你愿意向花旗银行展示你在其他银行的所有贷款和信用卡，那么花旗银行反过来可以为你提供更好的贷款和信用卡。

"这一开创性的提议极其破坏性，"辛格说，"如果没有银行接受它，Yodlee就不会存在。但假如只有一家银行拥有Yodlee的技术，那么就会引发一场竞赛，因为如果你是花旗银行，你可以使用数据聚合来了解客户与其他银行的财务关系，那美国银行会接受这样的结果吗？不会，现在它们（美国银行）需要技术来做同样的事情。"

结果，Yodlee最初的几百个客户都是银行。

事实证明，即使银行希望Yodlee访问它的数据，但其数据也有点混乱。"数据有几十亿种变化形式，"阿罗拉回忆道，"你有一只股票，比如说微软。一家公司会管它叫'微软'，另一家会用股票代码'MSFT'表示，再有一家会使用微软的美国证券库斯普号码，还有一家则说'MSFT公司'"。

然后就是量的问题。"美国有数千家银行，许多银行有几十种不同的产品和账户类型。大型银行平均拥有五六十种不同类型的账户：一个面向主流用户，一个面向富裕客户，一个面向私人银行，一个面向信用卡用户，一个面向抵押贷款用户，一个面向汽车贷款用户，等等。因此，银行有数千家，但账户和产品类型却有成千上万个。我们必须清理和规范所有这些数据。"

这是一项艰巨的任务。Yodlee夜以继日地建构这种强大的功能，他们非常擅长编写软件机器人程序，这些程序可以抓取银行的账户页面，并将上面的信息转化为有用的数据。

然后，一件有趣的事情发生了。

每时每刻，Yodlee的软件机器人都在银行网站上爬取数据——这种做法开始给这些网站带来巨大的运营负担。银行别无选择，只能不断增加网络流量，购买和安装网络服务器，同时增加带宽。

由于这些银行中有许多也是Yodlee的客户，因此他们经常与该软件公司进行对话，讨论这一日益严重的问题——网络服务器的持续消耗和对昂贵带宽的需求。最后，Yodlee提出了一个不同的解决方案："我们为什么非要爬取数据呢？我们为什么不直接与你们的数据库连接起来呢？"

在此之前，Yodlee需要绕来绕去才能获取客户的数据，因为它的做法是抓取显示在银行网站前端的数据，而不是直接获取数据。

现在它要求从前门进来。

起初，银行拒绝了这个要求：让Yodlee访问面向客户的网站是一回事，让它访问他们的后端数据库完全是另一回事。但是，阿罗拉与他们争辩道，Yodlee将继续以其中一种方式收集这些数据；银行是主动和公司签订合同来让我们做这件事的。因此，银行应该提供一种更为直接的方式。

结果，Yodlee的大部分工作发生了演变，他们放弃信息抓取，转为做应用程序接口。

应用程序接口是一种允许一个网站或数据库与另一个网站或

数据库的数据直接交互的软件。使用应用程序接口直接从银行获取银行数据比Yodlee检索数据时所做的抓取操作更快、更高效、更不容易出错。应用程序接口允许Yodlee直接从源头获取数据，就像直接从井里取水，而不是从一个生锈的旧水龙头里接水。

正如我们今天所知道的那样，对于金融科技和互联网的发展来说，应用程序接口的重要性怎么强调都不为过。应用程序接口是一种工具，允许在不同的环境中传递和使用有用的信息，给予远程网站进行跨网站检索数据源或完成数据交换的能力。

Yodlee仍然存在一个问题：每家银行都在使用不同的数据系统，而每个数据系统都需要一个独特的应用程序接口。创建这些应用程序接口需要耗费大量的人力。但到目前为止，Yodlee已经和这些银行建立了长期关系，可以直接与每家银行合作，了解其系统是如何组建的。

银行之所以同意与Yodlee合作，是因为Yodlee当时向他们保证，银行自己的内部系统不需要做任何的改动。"微软和Intuit之前的尝试主要是建立标准，"阿罗拉在谈到先前让银行共享数据的拉锯时说，"Yodlee认为：'你的标准是什么格式并不重要。作为一名银行家，您无须投资重构整个技术或数据库平台。我们可以将您的数据以任何格式保存，我们将采用所有不同的格式和标准，并将其规范化，这些累活由我们来干。'"

一家银行接一家银行聘用Yodlee为其开发应用程序接口。通过漫长而艰苦的工作，Yodlee开发出了可以从几乎所有国内银行检索客户数据——通常经过客户的许可——的工具。然后，Yodlee对数据进行重新格式化，使其以一种标准化、"规范化"的格式存在，这样一来，使用应用程序接口就可以聚合、传递并与其他应用程序共享数据。"大约在2003年，数据真的开始移动起来，"阿罗拉说，"现在，我们70%到85%的银行数据来自直接数据源。"

Yodlee复杂的数据困局——或多或少——得到了破解。

"当你解决了后端的难题之后，会发生什么？当Yodlee这样的数据端服务商使后端工作变得容易时，会发生什么？"辛格想，"所有的创新都转移到了前端。"

就在那时，一家名为Mint.com的初创公司联系了Yodlee。

杰森·普托尔蒂（Jason Putorti）第一次听说Mint.com公司是在2006年。他刚从匹兹堡搬到湾区，之前，他在一家咖啡馆遇到了一个人，那个人给他提供了一份工作。

那个人就是诺亚·卡根（Noah Kagan），Mint.com的第一位营销主管。

"嗯，好吧，"杰森回答道，"可以。"

当杰森加入Mint.com的时候，阿伦·帕兹尔已经把这家年轻的公司从自家客厅搬到了桑尼维尔的一间办公室里。杰森是Mint.com的第五位员工。"说实话，到这里来，我甚至不知道我要做什么工作。"在匹兹堡，他经营着自己的网页设计店，什么都做——设计、编码、创建数据库、制作广告牌等。"我把我的作品给阿伦看，他认为我适合当设计师，所以我成了设计师。"

设计师正是Mint.com所需要的。

　　自从阿伦找到Yodlee并被授权使用其银行数据以来，他一直专注于自身专业领域——算法——的研究，这也是该项目的一个组成部分。他编写了处理用户数据的方法，对其进行分类，并将其解析为他一直希望从Quicken那里获得的"仪表盘"。他将其构建成一个可以提供真实数据的工作原型，并使用该原型向潜在投资者演示Mint.com。

　　"但这是一个相当粗糙的产品，"杰森回忆道，"它非常复杂，而且的确是一个概念验证原型。"阿伦让他对这个网站进行美化——"让它看上去更漂亮一些，因为我们知道它现在看起来很糟糕。"

　　"这真是一个大工程。"杰森笑着说。

　　他开始解构原型，从概念上进行思考，思考网站的真正目标。该网站的目标正是杰森在甚至还不知道自己的角色的情况下便同意与之合作的一个重要原因。"我觉得，Mint.com的基本原理非常正确。它创造了真正的价值，解决了一个真正的问题。"他想做出一个符合Mint.com最初想法的设计，"如果你不能从根本上轻松地回答用户的问题，或者不能让他们对该系统有切实的了解，明白其真正的价值，那么你就什么都没做，对吗？"

> ### 以用户为中心的设计
>
> 　　"如果你不能从根本上轻松回答用户的问题，或者不能让他们对该系统有切实的了解，明白其真正的价值，那么你就什么都没做，对吗？"

然而，他对原型的研究进行得越深入，就越觉得简单的视觉更新行不通。

"添加你所有的银行账户真的很重要，"杰森明白。因此，该网站将面临的第一个挑战是说服客户输入他们的机密银行信息。一旦他们输入数据，客户就可以很容易地看到Mint.com的价值。但如果网站无法说服他们输入信息，那么该网站就永远无法运行。

他们将如何赢得用户的信任？

"信任来自许多不同的地方，"杰森说，"第一是品牌。打开花旗银行的网站，你会想：'好吧，我知道花旗银行。他们已经存在100年了。'我们没有这些。我们没有100年历史的品牌可以依靠。因此，人们只能从外表来判断可信度和专业性。"

但在2007年，当杰森正在设计Mint.com时，旧银行的品牌已经不再是"信任"的同义词。这是爆发次贷危机的苗头。同年夏天，一个几乎无人知晓的、名为伊丽莎白·沃伦的哈佛大学法学院教授发表了一篇论文，认为美国需要一个"消费者金融保护局"来打击金融业一些猖獗的掠夺性行为。在人们对亚马逊、领英（LinkedIn）和脸书等公司越来越信任之际，他们对那些拥有百年历史的银行品牌的看法也在发生改变。

这为一家年轻、天真、采用欢快简洁设计的科技公司带来了一个真正的机会。杰森并不知道即将发生的事情——金融部门崩溃、政府救助以及人们对银行系统信任的彻底丧失。但他知道，他需要Mint.com的网页设计来传达某种东西——这种东西融合了银行纯粹的专业精神和更友好、更友善、更人性化的审美。

这不是一次优化，而是一次彻底的重新设计。

他找到团队成员，说服他们从头开始重建用户界面。

这是一个艰难的任务：该网站计划在TechCrunch40大会上发布——届时将有700家不同的初创公司一决高下，以赢得引人注目的5万美元的奖金。大会将在9月举行，当时已经是3月。这意味着他们仅仅有半年的时间来设计出一个视觉识别系统、一个新的界面以及使其运行的所有计算机代码。

不过阿伦知道，杰森已经十分清楚网站的真正意图，并鼓励他放手一搏。

杰森从绿色开始。原型网站是深绿色的——钱的颜色。杰森知道这种颜色不太合适。"实际上，我讨厌绿色。森林绿让我觉得没有美感。所以，我想，好吧，我们必须让颜色轻一点，使其更具亲和力。我巧妙地使用喷枪功能，力图创造出一种更为平静的感觉。"经过反复尝试，他找到了一种他喜欢的色调，并将其作为Mint.com新视觉标识的核心。

然后，他转向用户界面。"我们需要构建一个用户界面，在初始设置中，鼓励人们第一次就添加多张卡。否则，他们会等很长时间，可能会厌烦。如果出现阻碍，他们可能就会离开。因此，让人们真正快速地完成设置可能是最重要的设计挑战。"

其中一些问题需要在工程层面上解决：该网站需要具有能够支持同时添加不同账户的功能。但同时还需要向用户明确这是一种选择。

　　"我想出了一个主意——一张可点击的卡片，它会一直鼓励你添加更多的卡。页面上有一堆空位，每张卡片上都有一条大的文字，上面写着'点击我，点击这个，点击那个'。人们会持续这样做，他们最终会明白，自己可以在同一时间做很多事情。"

　　就这样，他一步步完成了整个网站的建设，试图预测并解决每个用户的需求和不便。"实际上，我们删除的东西比添加的东西多。我们制作的是一个具有容易理解、便于操作这些简单特征的交互界面。"他用"应用程序思维"让用户体验变得更加顺畅，Mint.com决心做一件事情，而且做到极致——接受用户的银行信息，并将其清晰而简单地进行汇总。

　　2007年9月，作为首届TechCrunch40大会的一部分，该网站如期上线。它通过了第一轮角逐，进入了前50名的半决赛名单，然后赢得了整个比赛。很快，它便获得了5万个新用户，到12月时用户数已经增长到10万。

　　2008年，当Mint.com在金融科技创新大会上演示时——在这次大会上，雷诺·拉普兰什推出了贷款俱乐部，肯·林推出了Credit Karma——该网站已经赢得了《个人计算机世界》（*PCWorld*）、《个人电脑杂志》（*PC Magazine*）、韦比奖（Webby Awards）和《时代周刊》（*Time*，该杂志称其为"2008年50个最佳网站之一"）的好评，拥有多达50万的用户。

　　一年后，2009年9月，拥有85万用户的Mint.com以1.7亿美元的价格卖给了Intuit——那个最初让阿伦感到颇为失望的软件制造商。

"互联网行业就是这样,"舒克辛德·辛格沉思道,"初创公司创造了……一个漂亮的前端和一套简单的消费者工具。我不想贬低阿伦的工作。他创建了一个非常方便消费者使用的'仪表盘'。从理论上来讲,Intuit应该自己做这个交互界面吗?当然可以。但不幸的是,互联网的历史就是这样:那些应该建造它的人——那些大家伙们——没有建造它。然后,一些没有那么多技术的初创公司出现了,开始建造那些大家伙们应该建造的东西,并因其出色的能力而被收购。"她又补充道,"然后,通常,它就被关掉了。"

杰森似乎同意这样的观点。"2006年,金融科技的状况十分糟糕,相对来说,我们并不是特别艰难。但是,当Mint.com把所有东西都整合到一个交互界面上,给你号码,让交互变得非常简单时,它几乎就已经死掉了。我们卖得很快,但我们从未真正达到那个里程碑,即让人们变得更聪明,教他们以前没有意识到的东西——帮助他们做出更好的未来决策,帮助他们更好地规划,帮助他们了解自己行为的后果。"

马克·赫兰德(Marc Hedlund)——2010年被关闭的颇具竞争力的产品Wesabe的创始人——得出了类似的结论。"我绝不是一个公正的观察者,"他在博客上坦言,"(但)在我看来,没有人能解决消费者的财务问题。甚至没有人接近这一目标。"[5]

现在,Intuit旗下的Mint.com声称拥有2000多万用户。但是,Mint.com的承诺——成为用户推荐的、更加智能的引擎——终未实现。正如杰森所言:"它几乎已经死掉了。"

但个人理财软件的发展并没有就此终结。

亚当·戴尔（Adam Dell）没有想到自己会在高盛工作。他不是银行家，他也不认为自己是一个银行家，而且，在大多数日子里，他的穿衣打扮也不像个银行家：牛仔裤和罗纹毛衣是他的日常着装，宽阔的胸脯和蓬乱的花白胡须让他看上去既像一个边远落后地区的伐木工，又像一个斯多葛派的哲学家。

然而，尽管命运多舛，但他现在已经是世界上最强大银行之一的合伙人。

多年来，亚当一直使用Mint.com管理自己的财务，但最终，该软件让他感到沮丧。他的抱怨和马克·赫兰德的一样：Mint.com什么也没做。

"它实际上只是一个关于你过去的'仪表盘'，它并没有很好地帮助你思考你应该做什么决定，以及这些决定会如何影响你的财务状况。"这个软件非常擅长制作饼图来显示你是如何花钱的，但这对改善你的处境没有多大帮助。

亚当在风险投资方面的长期经验教会他用一种非常特别的方式来看待这个世界："当我审视一个行业时，我会考虑在技术发展的情况下，有什么事情可能会无法避免，然后试图超前四到五年，在我认为市场即将演变的那个地方插上一面旗帜。"

📷 看见未来

"当我审视一个行业时，我会考虑在技术发展的情况下，有什么事情可能会无法避免，然后试图超前四到五年，在我认为市场即将演变的那个地方插上一面旗帜。"

亚当预见一些即将对金融界造成颠覆性改变的技术必然性——
他认为Mint.com还没有准备好，所以他决定自己插上一面旗帜。

什么是风险投资人？他们究竟是干什么的？

风险投资人，即"VC"是一家企业的早期投资者。风险投资
人有时是个人——被称为"天使投资人"——他们把自己的钱投
入企业。但更多情况下，风险投资人代表的是风险投资公司，更
多资金来自养老金、保险公司或者捐赠基金。

作为交换，风险投资人通常会在这项新兴业务中获得相当大
的股权份额：不过，只有当公司增长并赢利时，他们的投资才会
获得回报。

风险投资人有望比其他类型的投资人获得更高的回报率，而
这意味着，为了获得更高的收益率，他们必须进行风险更高的投
资。但这可能是一场漫长的博弈。例如，2004年，彼得·蒂尔成
为脸书第一位天使投资人时，投资了50万美元以换取该公司10.2%
的股份。到2012年，蒂尔首次出售部分股份时，该公司的市值约
为1000亿美元，而蒂尔的股票当时价值102亿美元，回报率相当高
（此后，蒂尔以更低的价格出售了他在该公司的大部分股份）。

风险投资人获得薪酬的方式通常有两种。如果一家初创公司
被一家较大的公司收购，那么该公司的所有者将分割出售所得，
风险投资人会根据其在该公司的份额获得一定比例的收益。风险
投资人获得投资回报的另一种方式是出售其在该公司的股份。这
通常发生在公司的首次公开募股期间。

亚当预见的第一个必然性是移动电话的兴起。"人们正在智能手机上做出深刻的经济决策。"他引用了Rocket Mortgage的判断——Rocket Mortgage是一家完全数字化的抵押贷款公司——它允许借款人通过点击手机按钮来签订为期30年的房屋贷款合同。"作为帮助人们思考如何与财务生活互动的媒介，移动通信技术已经发生了真正的转变。"

亚当预见的第二个必然性是，他相信，人们开始希望他们的应用程序能够发挥作用。"对我来说，告诉你每月存钱的价值是一回事，而给你一个按钮，你按下，这一切都发生了却是另一回事。"Mint.com在向用户提供有关其财务状况的清晰信息方面做得很好，这很好。它完美地实现了"皮尔逊定律"，即"当绩效被衡量时，绩效会提高"。仅仅通过测量用户的消费模式并将其反馈给他们，Mint.com就能促使人们更好地调整自己的行为。

但是，一款旨在积极帮助人们改变和改善财务生活的应用程序——一款能够提出建议并提供适当资源的应用程序——会更好。

亚当看到的第三个必然性是人工智能。"在一个机器学习的世界里，亚马逊知道你想买什么，网飞（Netflix）知道你想看什么，消费者开始期待数字助理帮助他们进行金融选择，而这些数字助理将是他们的得力助手。他们将站在消费者一边，能够分析个人的财务状况，识别符合消费者而非银行最大利益的见解和建议。"

他着手创建他想象中的、未来的个人理财软件：一个将移动、行动能力和人工智能支撑的维护消费者权益功能整合在一起的平台。

应用程序"明白钱"就此诞生。

亚当从做研究开始。他拜会了一些在该领域有着丰富经验的人，比如Mint.com的设计师杰森·普托尔蒂以及亚伦·萨米德（Yaron Samid）。亚伦·萨米德是BillGuard的创始人之一，BillGuard是一款可以扫描用户信用卡交易以检测可能出现的账单错误和欺诈的应用程序。从他们身上，他对自己所认为的业内最好的个人理财决策有了更多的了解。

他也征求了其他专业人士的意见。明白钱的咨询委员会由三位行为经济学家组成，他们是丹·艾瑞里（Dan Ariely）、尼尔·弗格森（Niall Ferguson）和埃里克·约翰逊（Eric Johnson）。

行为经济学研究的是人类心理对经济决策的影响。在与OpenTable——一个旨在提供便捷餐厅预定服务的在线平台——合作期间，亚当已经敏锐地意识到了行为经济学的重要性。你可能认为餐厅预定是一件十分轻松的事情，不会有什么情绪压力，但是你错了。事实证明，餐厅预订会引起人们极度的焦虑，而这种焦虑大多与其财务状况有关。

行为经济学最终成为OpenTable整个业务的核心。

"绝大多数美国人生活在无法支付账单的恐惧之中。毫无疑问，对于这些人来说，外出就餐应该是他们每个月最奢侈的体验之一。"

这使得外出就餐成为一种强烈的体验。"消费者在去餐厅时会感到害怕，尤其是在高档餐厅。'我预定的位置会在那里吗？他们会让我坐在厨房旁边吗？会不会太贵了？'他们的脑海中充斥着无数的恐惧。"

OpenTable是专门为消除人们的恐惧而设计的，它向消费者提供了更多的信息，也让消费者因此获得更多的权力。

"在OpenTable，我们致力于使外出就餐更加自由。有多个价位可供选择，您可以选择适合自己的价位。我们将权力交给消费者，这是一个非常强大的概念。"该应用程序大获成功，2014年被收购时，其市值高达26亿美元，由此也可以看出，它已经基本上消除人们的那些恐惧。

然而，如果人们与服务员交谈时还会产生这样的感受，那么，当他们与信用卡公司或银行经理交谈时，他们该是何等的恐惧？

"金钱是一种极其情绪化的东西，比大多数人所理解的都要严重。尽管不应该如此，但人们认为钱是自我价值的体现。大多数人无法面对这种情绪化的现实。他们宁愿不去想它。因此，惰性占据了主导地位，许多人未能解决退休、储蓄或应急基金的问题。"

那些希望改善财务状况的消费者可能会发现，要获得所需的信息非常困难。"银行、信用卡公司、保险公司、抵押贷款公司，甚至有线电视公司，都是依靠浑水摸鱼而兴旺发达的。他们让你很难注销自己的账户，难以弄清楚信用卡上的年化利率是多少。当你和消费者谈论他们的钱时，会发生两件事：他们认为你想向他们推销一些东西；他们有充分的理由相信，事情会很快变得复杂起来。"

就像OpenTable解决了人们对餐厅预订的担忧一样，亚当想创建一个个人财务管理软件来解决人们对财务的担忧。他想设计一种体验，不仅可以帮助人们面对他们的财务恐惧，还可以最终消除他们的恐惧，从而开始感受到对自己财务生活的掌控。

"关于明白钱，我有一个非常明确的意图，名字本身也蕴含了这一点。我们想要表明：我们是站在您这边的。因此，明白钱专注于透明与便捷，同时倡议维护消费者权益。通过给消费者提供一种工具，让他们觉得有一个可以帮助自己理财的伙伴。我们知道，我们之间可以建立起信任关系。"

> **倡议**
>
> "我们想要表明：我们是站在您这边的。"

第一步很简单，就是储蓄。"每个人都知道应该储蓄，但不是每个人都这么做——所以我们需要确保它非常简单且容易做到。"在设计应用程序时，明白钱团队添加了一个按钮，让用户只需点击几下就可以建立一个储蓄账户。然后，他们与Acorns合作，Acorns是一家金融科技公司，该公司允许用户将借记卡和信用卡交易汇总成整数，并将差额存入投资账户。有了这些功能，在几分钟内，明白钱就能够让人们从知道"应该储蓄"变成"动手储蓄"。

明白钱帮助用户省钱的另一个方法是统计他们的订阅服务，并提供一个一键取消订阅的选项。"订阅服务是让你感到困扰的事情之一。不管你多么富有，事实上，每个人都会遇到自己不需要但却无法取消的定期收费问题。即使你知道你应该取消，但也无法便捷地取消。"

该应用程序扫描用户的消费历史，以识别经常性的费用，比如在Hulu或者Audible上的订阅，或者邮寄到旧地址的《男性健康》（*Men's Health*）杂志的订阅，或过去十年某个时候新年期间决心办理的健身房会员资格等。只需点击"取消"按钮，定期付款将就此终结，不再延续。

亚当说，除了帮助人们省钱之外，这个功能还可以让用户在心理上产生更重要的感受。"这让消费者有权说，他们控制了自己的财务生活。他们可以告诉我们，他们想要什么和不想要什么，我们将设法将这些想法变成现实。"

一旦该应用程序构建了某个人的财务状况图景，其人工智能就开始发挥作用。明白钱利用自然语言处理和异常检测技术对支出模式和技术进行频谱分析，以更好地了解一个人的习惯和需求，然后以银行经理可能采用的方式提供财务建议。

例如，它可以看到你有三张高息信用卡，但是，你也有一个优级FICO分数——这时，它可以建议你改用低息信用卡。最终，该应用程序也可能开始提供更复杂的财务建议，帮助消费者选择最佳的401K养老金投资方式。

亚当的希望是，个人财务管理程序可以作为改善金融健康的手段——使用者对财务更通晓，对他们的消费习惯有更清晰的了解，并有能力做出更好的选择。"我们的客户开设储蓄账户、投资账户、购买保险产品或信用卡的比例非常高。"

我们由此可以清晰地看到，以维护消费者权益为理念设计出来的工具一定能够找到忠实的受众，而在推出后的第一年，明白钱就做到了这一点。它是苹果商店排名第一的金融应用程序，被苹果公司列为"我们喜爱的新应用程序"之一；它获得了韦比奖提名；最重要的是，其用户数量超过了100万。

然而，消费者并不是唯一注意到该应用程序的人：该应用程序发布后，募集了1450万美元的新投资，不久，一些非常重要的公司竞相与其展开合作——其中就包括贝宝、康卡斯特（Comcast）和高盛。

"有趣的是，"亚当说，"这三家公司的差异太大了。"

他把明白钱卖给了高盛——但发誓说他选择高盛不只是因为钱。他之所以选择高盛，是因为他想在一个必然来临的技术未来到来之前抢占先机——而这一技术的必然性比Mint.com绝对得多。

"互联网正在从根本上改变银行业的利润结构。这与亚马逊在零售业的做法非常相似。通过消除建立实体店所需的砖块和灰泥的成本，专注于技术、规模和物流，他们有机会降低成本并将节省下来的成本传递给消费者。"

然而，在这个互联网主导的脱媒时代，银行蓬勃发展。摩根大通首席执行官杰米·戴蒙（Jamie Dimon）称之为"银行业的黄金时代"，这是该行业历史上利润最高的时期。

但在亚当看来，这个"黄金时代"并没有那么耀眼。

"近十年来，我们一直处于无利息的环境中。想想看：当消费者向银行借款时，银行会向他们收取很高的利息，但当消费者将钱存到银行里时，银行却向他们提供很少的利息。银行每年向消费者收取150美元的费用，但几乎没有为他们做什么事情。"

他说，这个时代已经走到了尽头。"在我看来，银行业将不可避免地被数字金融服务所颠覆。这不是一个是否会成功的问题。这是一个银行和信用卡公司何时会受到外来者冲击的问题，这些外来者的商业模式并不以向消费者收取过高的费用为前提。很简单：你只要看看银行的利息收入，就会发现在过去的二十年里，其利息收入已经减少了一半。相反地，银行的收费收入几乎增加了两倍。但这是不可持续的。"

然而，他还是把明白钱卖给了一家银行。

"高盛认为金融服务业将面临一场巨变，但他们的地位依然难以撼动。他们拥有令人难以置信的资产负债表和对金融体系的深刻理解。而且，他们没有那些老大难的、需要缝缝补补的消费者业务。"

高盛收购了明白钱，使其成为高盛新消费银行的核心——该银行被称为马库斯（Marcus）。作为高盛的新合伙人，亚当在帮助实现这家新消费银行的愿景方面发挥了重要作用。他说，这家新消费银行是围绕着一种不收费、完全透明以及帮助客户改善金融生活的真正兴趣而建立的。

"如果你发现自己需要借1万美元，我们会及时为你提供帮助。但我们也会设法帮助你把这笔钱还上，因为我们希望你能够还清这笔贷款。我们这样做的信念是，如果我们为你提供了很好的服务，你会相信马库斯能够在你的财务旅程中为你提供帮助。"

如果银行业的未来意味着降低费用以及利用人工智能维护消费者权益，也许银行业的黄金时代已经结束，消费者的黄金时代业已开始。

第四章

**机器的
崛起** | 机器人顾问与包容性
投资

人们普遍认为，2008年的金融危机是大萧条以来最严重的经济危机。

从某些方面来看，情况应该更加糟糕。

2008年，股市崩盘历史性地抹去了价值6.9万亿美元的股东财富。同年，美国的房主们眼睁睁看着3.3万亿美元的房屋净值消失。两者加在一起，损失达到了惊人的10.2万亿美元——占全世界GDP的五分之一。[1]金融危机的破坏一直持续到第二年：2009年，美国城市房屋价值下降了三分之一，道琼斯指数下跌了一半，美国的失业率翻了一番，达到10%。

很难找到一个没有受到这一波经济大衰退影响的人。

但是，如果你仔细观察，你会发现并不是每个人都受到了同样的伤害。2007年至2009年，典型美国人——中等收入的美国人——损失了28.4%的净资产。同一时期，最富有的5%的美国人的损失不到这个百分比的一半：只有12.8%。在随后的几年中，这种差距逐渐扩大。罗素家族基金会（Russell Sage Foundation）的一项研究表明，到2013年，典型美国人的资产净值下降了三分之一以上，而在同一时期，最富有的5%的美国人的资产净值却增长了14%。[2]

最大的原因是股市。到2013年年中，大多数股市指数已反弹至衰退前的水平，并继续上涨。与此同时，房价和就业复苏的速度却慢得多。上述情形中的"典型美国人"的大部分财富都集中在房子上，而不是股票市场，而且，随着房屋价值的消失，他们已经没有什么钱用来投资了。[3]过去10年的经济复苏让"投资者阶层"——把钱投在股市上的人——获益颇丰。

如果有更多的人可以投资，那么他们的生活将因获得市场收益而得到改善。

2008年，金融危机爆发之初，28岁的乔恩·斯坦（Jon Stein）开始着手实现这一目标。

乔恩本不打算进入投资行业。"老实说，我讨厌金融服务业。我认为这是一个令人作呕的行业。"上大学时，他的愿望是成为一名记者。"我想：'我有写作技巧，我能够熟练地写作，我能够讲别人可能不会讲的故事。那会很有趣，对社会也有好处。'"

> ### 追随需求，而不是激情
>
> "老实说，我讨厌金融服务业。我认为这是一个令人作呕的行业。"

但有一个问题。"我没有想象中的那么喜欢写作。"不过，他仍然想为社会做点好事，因此，他还考虑过成为一名医生。"我热爱那门科学，喜欢帮助他人带给我的满足感，这听起来像是一种美好的生活。但是，我不喜欢血。"

毕业时，乔恩仍然不能确定自己要干什么，但他知道自己需要一份工作。2003年，他开始在第一曼哈顿咨询集团（First

Manhattan Consulting Group）担任初级顾问。其业务碰巧是金融服务。"我想要的是一些能教会我商业知识的东西，能够让我真正地努力工作，而且能够考验我的极限。"他说，"我没想到，这会为我以后的职业生涯指明方向！"

这份咨询工作可以说是让乔恩上了一个银行与经纪人速成班，教会了他许多有关金融业运作的知识。但是，他很清楚，他和他的同事不一样。"我有点像个局外人——仿佛我来到这里是为了了解他们是如何工作的，但我并不是他们中的一员。我跟他们的思维不一样。"

身为顾问，却自视为一名局外人对公司的发展是有帮助的：这是一个为组织带来新视角的机会。在大学里，乔恩学习了很多行为经济学知识，在这里，他看到了一个将这些知识付诸实践的机会。他认为，如果从事金融的人能够更好地把握客户的心理，他们就能够真正进行创新，把金融服务提升到一个全新的水平。"我想重新思考这个系统。我想更全面地解决一些问题。"

然而，他的客户不感兴趣。"当我提出一个另辟蹊径的想法时，他们常常不予接受。"公司的一位同事甚至把他拉到一边，说："有些行业是从人身上赚钱的，还有些行业是靠钱赚钱的。我们就是靠钱赚钱的。因此，我们应该专注于资产负债表，而不要太在意客户。"

"我并不是想批评他说的话，"乔恩说，"我只是想要一些不同的东西。我想要真正的创新——而且，我意识到创新不会来自现在这些人，因为他们没有改变的动力。他们已经有一个适合他们的系统，而且还根据当前的监管环境进行了优化。"

然而，对于他来说，站在金融体系之外，他看到了这些金融机构看不到的东西：通过利用新技术，关注客户行为而不是资产负债表，他有可能接触到基本上被排除在投资领域之外的新群体。

"我想要一个以客户为导向的金融服务，"乔恩说，"但那是不存在的。"

弄明白为什么它不存在，有助于思考21世纪初的投资世界是如何运作的。

在养老基金之外，投资一直是富人的游戏，部分原因是显而易见的：你需要有钱来投资。三分之一的美国人生活在贫困之中或接近贫困，40%的美国人说他们没有足够的储蓄，不能一下子拿出400美元。[4]当人们付不起基本的账单，东拼西凑才能支付每月的租金时，就很容易理解他们为什么不把钱存入退休账户了。

但与其他发达国家的人相比，美国人——即使是美国的中产阶级——在储蓄和投资方面也表现得特别糟糕。这是有很多实质性原因的（包括允许从退休账户轻松提款的政策和鼓励炫耀性消费的文化）——但其中有一个非常简单的原因，那就是投资很难。

假设你有一点闲钱。你知道，负责任的成年人应该做的事情，不是花掉你赚的每一分钱，所以，你计划留出一些钱，把它们存起来。把钱放在床垫下或者存钱罐里一直是一个行之有效的存钱方法。然而——你的小猪存钱罐可能被偷，你的床垫也可能会在一场火灾中被烧毁——无论何时你存下现金，你都在赔钱。美联储的财政政策旨在将美国经济保持在2%的通胀率，而在很大程度上，它们在实现这一目标方面做得很好，这意味着，每年，你藏在床垫下的现金储备都会失去2%的购买力。

因此，建议手头有余钱的人把钱拿到银行存入储蓄账户，这样不仅可以防止被盗和烧毁，而且还可以赚取一些利息。储蓄是一种投资（记得乔治·贝利吗？），但它是一种非常间接的投资：你把钱交给银行，银行用它进行一些可能有利可图的投资，然后银行分给你一小部分利润。

关键是：那部分利润太少了。2008年金融危机爆发后，美联储一直将利率维持在非常低的水平，使储蓄账户的回报率降至略高于零的水平，甚至与2%的通胀率相去甚远。这意味着即使是那些愿意把钱存入储蓄账户的人，也会发现钱的价值每年都在缩水。

这就是大多数认真的投资者寻觅其他投资渠道的原因：他们正在寻找回报率高于通胀率的投资。按照传统，如果你想获得更高的回报率，你可以投资股市。

那么，你怎么投资股票？

很久以前，你会打电话或发电报给你的经纪人，说你想买股票。但是你怎么挑选股票呢？1792年，纽约证券交易所首次开业时，只有5种证券可供交易，因此，投资者的选择相对简单。如今，纽约证交所有2800多家公司上市，所以，决策的制定要复杂一些。

从股票中赚钱——正确衡量一家公司的价值何时被低估或高估，然后在其他人做出决定之前采取行动——是很困难的。对一家在大型证券交易所上市的大公司的命运兴衰做出预测，需要进行自我教育和长期积累：要做出正确的决策，你需要对公司及其竞争对手以及国际供应链中的所有公司有最新和深入的了解。该公司的股票可能会受到货币和商品市场波动、全球法律和政策变化、突发新闻和更大的宏观经济趋势，甚至天气的影响。如果你得到的信息看起来很有希望，你需要先于其他人采取行动：你必须"击败市场"。但你正在与拥有大量高薪的市场分析师的跨国公司进行竞争，他们比你更擅长研究证券的价值。那么你打算如何击败市场呢？最后，投资股票是有风险的：如果你把钱投到一家糟糕的公司或者在一个不合适的时候进入股市，你可能会破产。这样一来，你还不如不投资。

为了帮助降低这一风险，金融业发明了许多产品，以避免投资者不得不选择个别的股票。这些产品包括共同基金、指数基金以及交易所交易基金，你的投资可以分散在一系列不同的证券上，这样你就不用一下子购买100股国际商用机器公司的股票，而是从100家不同的公司分别购买一小部分。那么，倘若有一家公司破产了，你也不会把所有的投资赔光。

你可能会认为这些基金会让个人投资者参与市场变得更为容易一些，然而，仅在美国就有近万只共同基金可供选择，每只基金的设置都略有不同，每个基金都有自己的费用、收益、风险和税收影响，而对于新手来说，他们很难区别或者辨别不同基金之间的差异。

这种状况令人崩溃，而部分原因应归咎于设计。

此外，投资者很难获得好的、公正的建议。

在没有行业专业人士指导的情况下，自己选择基金的投资者难以有好的表现：标准普尔500指数在30年内增长了10.35%，而在同一时期，自主型共同基金投资者的平均收益率为3.7%——仅略高于将钱存放在床垫下面的收益率。[5]

由于投资太过复杂，所以有能力进行投资的人就会聘请顾问来帮助他们管理财富。一个好的财富经理既是门房又是顾问：评估客户的长期目标，就如何实现这些目标做出明智的决定，选择购买哪些资产，比例如何——有多少股票、债券、共同基金、指数基金或交易所交易基金——以及选择购买哪些基金。财富经理还会考虑不同账户和提款的税务影响。当市场环境发生变化时，他们会进行调整，重新平衡客户的投资组合，使其免受过度风险的影响，平稳运行。[6]

这样的专注与专长可是价值不菲。私人财富经理收取的"年度管理费"相当于其管理资产价值的100个基点——1%。[7] 听上去可能不算多，但加起来就不一样了：对于50万美元的初始投资组合来说，费用仅为5000美元，但按30年来算的话，支付给财富经理的佣金将约为75万美元。

而且，这些钱与投资是否能为客户带来收益无关。

由于财富经理的收入完全依赖于对客户投资（即其"管理下的资产"）的提成，因此大多数财富经理只与"高净值个人"合作，并且设定最低投资额——通常为10万美元。少于10万美元的投资则不值得去管理（与上述"最低投资额"相比，高盛私人财富管理的最低投资额为1000万美元）。

因此，对于任何想从股市中获益的人来说，都有这样的选择：自己碰碰运气，冒点风险，或者等到你有多余的10万美元了，再交给财富经理替你打理。

然而，乔恩·斯坦在担任顾问时就知道了一些2005年前后许多人还不知道的事情：财富经理向客户提供的这些所谓高端服务基本上都是自动化的服务。与旅行社那些最早使用软件预订航空旅行的人一样，财富经理使用内部软件帮助自己做许多工作。

乔恩还知道一些其他的事情：许多财富经理做得甚至没有普通人好！

人们付出1%的佣金得到了什么？

如果将财富经理正在使用的软件的某个版本提供给更广泛的公众的话，那会怎么样？如果资产配置、资产再平衡以及税收可以实现自动化，那么投资规模就会扩大——这将为全新的人群提供投资机会。一个私人财富经理的客户数量可能会限制在50个、100个或200个，但如果软件编写得足够好，那它就可以处理数千笔甚至数百万笔投资。而且，还没有必要设定极高的最低投资额，因为该软件处理1美元和处理100万美元的效果是一样的。[8]

如果乔恩能编写出这些软件，那么整个系统将发生改变。一些问题将从整体上得到解决。

这将使投资民主化。

被动投资

当人们谈论金融科技伟大的创新时，没有多少人会提及"伯格的愚蠢"。但如果不是约翰·伯格（John Bogle）和他1975年的发明，机器人顾问将不可能出现。

约翰·伯格是先锋集团（Vanguard Group）的创始人和首席执行官，先锋集团是世界上最大的投资管理公司之一，其主营业务是共同基金。

共同基金并非约翰·伯格首创——第一支现代共同基金创建于1924年——但直到20世纪80年代和90年代，它们才在现代资本市场上受到广泛的关注。共同基金背后的理念是：你不要自己一个人投资股票或者购买其他资产，你把你的钱与其他投资者的钱一起投入一个资金池，然后用这一池资金——共同基金——购买一系列资产。你的投资是多样化的：如果一项投资失败，你仍然可以避免倾家荡产。共同基金已经成为极受大众喜欢的投资工具：目前，共同基金集聚了大约40万亿美元的全球财富。

共同基金中的资产因基金而异，这正是约翰·伯格的用武之地。

对任何一个特定共同基金内的资产进行有效管理都是一项艰难的工作：基金经理把所有的时间都花在调研、调整、交易和支付费用上，试图最大限度地提高他们的资金回报率。伯格发现，即使做了那么多工作，许多基金的表现仍然没有超过标准普尔500指数。因此，他想知道，如果有一只基金完全追随标准普尔500指数——一支由500家公司的股票组成的基金——会怎么样？然后，可以推定，该基金的价值增长将与标准普尔指数成正比，并且始终表现良好，但它几乎不需要持续的管理。

"被动投资"由此发端，1975年12月31日，伯格将这一想法付诸实践，创造出世上第一个指数型基金"第一指数投资信托"（First Index Investment Trust），这是世界上第一个指数共同基金（简称"指数基金"）。

与伯格同时代的人认为这是一个糟糕的想法。世界上为什么会有人只想跟上市场的步伐，而不试图超越市场呢？这个想法很"不美国"，他们说这是一种"逃避"，是"寻找平庸"。一位竞争对手写道："谁愿意让一个普通的外科医生做手术，由一个普通的律师提建议，或者成为一名普通的注册代表，或者做任何与普通人毫无差异的事情？"[9]尽管伯格一直希望为他的基金筹集1.5亿美元的初始投资，但他只得到1100万美元，该基金赢得了"伯格的愚蠢"的绰号。

经过数年——及一次股市转机——之后，伯格才被证明是正确的。他的竞争对手嘲笑他的基金的回报率很"一般"——但从长远来看，这个"一般"应该是相当不错。事实上这个"一般"的回报率比主动管理的利润还要高，其原因是主动管理往往受到财富经理情绪化、消极和摇摆决策的影响。谁想让一个情绪化、消极而且善变的外科医生给他动手术？没有人。然后考虑到主动管理成本较高，被动指数基金的优势更加明显。

后来更名为先锋500的指数基金是目前世界上最大的共同基金，拥有超过2920亿美元的资产，如今，所有长期投资账户都将指数基金视为核心财产。自2006年以来，主动投资者从主动共同基金中转移出了1.2万亿美元，而更多的资金——1.4万亿美元——

流入了被动指数基金。[10]

被动财富管理和指数基金是推动Betterment这样的应用程序面世的核心动力。

乔恩决定，他要建立一个依靠技术来帮助普通人做出较好投资决策的东西。但除此之外，他却不知道该从何处着手。"我不确定我想建立一个什么样的公司。但名字我却已经想好了，叫作Betterment。我知道我们想在金融服务业有更好的作为。但我不知道（我正在做的）这个东西是银行、共同基金、经纪人还是投资顾问。事实上，当时我不希望Betterment是这些东西中的任何一个。我希望它是一种全新的、与众不同的东西。"

他做了任何一个有自尊心、想进入金融软件行业的、由新闻专业转医学预科的毕业生都会做的事情：他读了四十本关于证券监管的书，攻读工商管理学硕士课程并通过努力获得了注册金融分析师资格。"哦，"他说，"我还自学了编码。"

通过研究，他发现了一件重要的事情：人们不是特别擅长投资。他们的反应是情绪化的，致使他们在市场上会做出非理性的决定。那些一时冲动而把钱到处乱投的人是不会成功的，很难从长期收益中获得好处，他们还会受到惩罚，比如白白浪费时间、额外缴税以及支付交易费用等。如果他们不按自己的方式行事——如果他们设定了目标，投资指数基金，被动地让他们的钱为自己工作——那么他们的情况无疑会更好。

这便是Betterment背后的投资理念。

现在，乔恩所要做的就是把它构建起来。

整个2007年，乔恩都在夜以继日地工作。"我在商学院的时候，第一年和第二年之间的整个夏天，我晚上和周末都在编写代码。我们班的其他同学都找机会实习去了，而我则忙着做自己的事情。我先将网站的前端建好，有了一个可以向人们进行展示的窗口。然后我开始构建部分的后端交易系统。令人尴尬的是，我当时真的以为我一个人就能把所有的东西搞定。我想要这个产品，我打算把它造出来并将它推向市场。"

但上到二年级时，乔恩不得不面对现实。有一个团队对他来说应该是件好事。他和一个经常在一起打牌的老朋友出去吃午饭，此人是一名律师，名叫艾利·布罗沃曼（Eli Broverman），乔恩向他描述了自己的这个想法。一个星期之后，艾利便带着四十本监管法方面的书去了乔恩家，成为Betterment初创团队的一员。

乔恩的室友肖恩·欧文（Sean Owen）也加入了这个团队。乔恩是这样描述肖恩的："他是谷歌的软件工程师，在美国高中毕业生学术能力水平考试（SAT）中考过了1600分、在经企管理研究生入学考试（GMAT）中考出了800分，还是哈佛计算机科学专业毕业生。他是一个优秀的工程师——优秀得令人难以置信。"他想，"如果我能让肖恩对这件事情感到兴奋，那就太好了。"

肖恩带给Betterment的是方法论。2008年，计算机程序员都在普遍尝试一种称为"敏捷"（Agile）的轻量化软件开发新技术。该方法论提倡增量、迭代开发：团队一起工作，设定简单的可实现目标，然后开始构建，之后重新组合以规划下一个增量迭代。

小步前进的方法让开发者有时间适应和调整，以免一条路走到黑。频繁的检查（日常会议）让他们有机会互相帮助，并从彼此的错误中学习。

敏捷方法在2001年首次推出，经过十年的发展，变得越来越流行。它对金融科技的发展产生了巨大的影响，对成长中的初创公司来说，通过简单快捷地构建应用程序，它们能够比任何传统银行的大型软件团队更快地应对新的趋势和客户需求。

毫无疑问，敏捷对Betterment的发展也产生了影响。"肖恩认为，如果你想要构建最简单的应用程序，那你就一次把它建好，在关键路径中构建内容，然后添加到其中。"简单成为一个指导原则，或者至少确保用户的体验总是简单的，不管后台有多么复杂。

"我知道我要构建的是什么，在当时，这是一个非常基本的东西：先锋集团——一家主要的财富管理公司——的投资效率加上ING Direct——一家以其干净、易用的网站而闻名的在线银行——的用户体验。将这两个想法集成在这个程序上，一个简单的程序，无论你想要更多的债券还是更多的股票，操作起来都十分简单。然后，设定一个投资回报期，通过与客户的简单沟通，你就可以对投资回报做出预测，或好或坏。"

界面看起来简单并不意味着底层代码简单。其实，恰恰相反。"这是一项繁重的工作，"乔恩说，"团队花了好几年时间。2008年，我们基本上知道我们想要生产什么产品了，然后我们就开始做——但直到2010年，我们才把它建好。"

该项目几乎不可能获得投资。投资者不知道它是何物。2008

年时，人们还没有见过类似的东西。"金融科技"一词甚至还没有出现，更不可能成为风险投资人口中的时髦词语。 Mint.com刚刚发布，但也不过是一个奇异之物而已。谁会通过手机做出财务决策，尤其是长期投资决策？乔恩的商业背景也难以令人放心。

"我没有经营创业公司或科技公司的经验可以展示给大家，所以谁会相信我呢？我只是一个对投资有着疯狂想法的顾问。"

曾经有一次，Betterment的情况十分糟糕，乔恩不得不给员工减薪——而且，他还要求员工购买公司的股权。他需要员工投钱进来，这样才会有更多的现金流。

令人感到欣慰的是，员工都购买了公司的股权。"每个人都对我们正在研发的东西深信不疑。"他回忆道。

市场崩盘也对他们产生了影响。"当时很多人说：'不要做这个东西了。现在不是创办金融服务公司的好时机。你觉得呢？'而且，大多数人都这么认为。"雷曼兄弟倒闭后，道琼斯指数连续一年半遭受重创，人们的财富被抹去，十分之一的美国人失业——这不是让消费者考虑创建投资组合的理想时机。

但从某些方面来说，金融危机却成为Betterment推出的最佳时机。"人们失去了信心，失去了对大公司的信任，"乔恩说，"这让很多人开始寻找替代方案。"银行纷纷倒闭，即使在美国政府向银行提供了近1万亿美元的救助资金后，仍有165家银行破产，并要求联邦存款保险公司进行干预，以免客户血本无归。[11]根据盖洛普咨询公司的调查，美国民众对银行的信任度处于历史最低水平，从50%以上下降到2010年的18.1%。[12]

美国民众对银行的信任度在下降，但他们却在加强与科技公司的关系。截至2010年2月，脸书拥有约4亿个用户，全球的苹果手机数量达到1亿部，人们对与科技公司分享个人信息的疑虑正在消失。这种想法开始盛行：银行几乎毁了我们，但科技公司会拯救我们。

那么，为何不对一个金融科技应用程序表示一下信任呢？

乔恩说，金融危机使他自己的思想也发生了类似的变化。"我总是怀着崇拜和敬畏的心情看着华尔街。'哇，那些人真是超级聪明！'我仍然认为他们超级聪明，但我也意识到，他们和我一样也容易犯错，也会犯错。"这一认知给了他继续前进的信心。"我在这方面做得和其他人一样好，所以我不妨试一试。"2010年，Betterment从500名申请者中脱颖而出，得以在纽约举行的TechCrunch Disrupt大会（为期三天的软件公司和投资者的聚会）上登台发布自己的产品。

这将是一个很好的机会，不仅可以向参加发布会的人展示产品，还可以通过现场直播向约两万名观众进行展示，这样的广告宣传如果让乔恩及其团队自己来做，他们是无力承担的。

问题是，他们还没有准备好。

"大会已经接近尾声了。我们仍在对其基本功能进行测试。"在它们上线前几周，团队发现有些提款无法通过。人们可以把钱放到Betterment，但如果没有人能把钱拿出来，那这个应用程序就不会很受欢迎。整个团队花了数周时间来修复、测试和解决这个问题。

然后，需要应对的是监管问题。还记得乔恩和艾利读过的那四十本法律书吗？好吧，《多德-弗兰克法案》——金融危机后的一项新的监管改革法案——即将成为法律，有许多新规需要学习和遵循。

遵守所有这些法规是Betterment取得成功的关键。但在参加TechCrunch Disrupt大会之前，公司仍然未获得美国金融业监管局的批准。"星期五，我们得到了监管部门的最终批准，而我们原定在下个星期一进行产品发布，"乔恩回忆道，"这件事几乎就要黄了。"

但一切还是发生了。2010年6月，Betterment不仅面世，而且还荣获了大会颁发的"纽约最大颠覆者"（Biggest New York Disruptor）奖。仅在第一天，公司就吸引了400名新客户和一些早期投资者的关注，人们开始将资金投入Betterment的账户。"我还记得最初的一百万美元，我想，*哇，一百万美元！*"乔恩说。

到了年底，Betterment管理的资金达到了1000万美元。

"我们进行了庆祝，这简直让我们难以相信。让人们信任我们似乎是一件不太可能的事情。老实说，我认为他们疯了。"

 相信科技

"让人们信任我们似乎是一件不太可能的事情。"

现在，Betterment每天平均的存款金额达到约1000万美元。它拥有40万名用户，管理着大约160亿美元的资金。而且，Betterment

还在不断成长，部分原因是，与私人财富经理收取1%的佣金不同，Betterment只收取0.25%的佣金就可以为用户提供许多同等收益率的产品，而且没有最低投资限额。

"我们为进行退休储蓄的普通客户带来的收益，比他们自己理财或通过竞争性服务理财获得的收益高出大约40%，"乔恩说，"没有其他人为人们这样做。我们创造的价值是独一无二的。"

自Betterment推出以来，其在整个行业的竞争对手——和各色的、人们俗称"智能投顾"（robo advisors）的机器人理财顾问——纷纷跟进。现在，有两百多种不同的机器人顾问可供选择，他们总共管理着约9800亿美元的资产[13]。更引人注目的是：这些机器人顾问处理的普通投资账户金额平均约为每人21000美元，大大低于私人财富经理所要求的最低限额。这意味着机器人顾问真的成功地接触到了一个完全不同的投资阶层。

但小型初创公司并不是唯一一类打造机器人顾问的公司。受到Betterment成功的启发，业内已有的公司，如贝莱德（BlackRock）、先锋、嘉信理财和富达（Fidelity）等，都推出了由类似技术驱动的收费较低的服务，包括较低的最低投资限额，以吸引更广泛的客户群体。

乔恩认为他们还是弄错了。"最近，我在银行柜台上看到了这样的文字：'机器人是一种潜在的破坏性、竞争性威胁'，还有'银行应该有一个机器人'。我连机器人是什么都不知道。我觉得这太傻了。"

乔恩认为，Betterment的成功与技术无关。"这不是'是否拥有机器人'的问题，而是要为客户做正确的事情，要以客户为中心的问题。"他表示，银行仍以产品而非客户为经营对象——而这些产品的设计通常利用了客户的行为，其进行优化的方向往往也违背了客户利益最大化的方向。"我只是觉得，在当今这个时代，这不是建立一个有价值的机构的正确方式。我认为，你必须把以客户为中心的理念放在首要位置。"

 用户至上

"这不是'是否拥有机器人'的问题，而是要为客户做正确的事情，要以客户为中心的问题。"

这一点可能是银行业内部人士永远看不到的。

随着业务量的增加，Betterment平台也在不断地发展。"为了获取客户的意见，多年来，我们构建了多种算法和系统。这是一个不断迭代的过程。我们正在研究客户的参与方式、合作的方式以及我们能否帮助他们实现目标等问题，而相关研究结果将成为下一个开发周期的依据。"

即便如此，Betterment的最大挑战可能仍在前方。它存在的前提以及紧随其后的所有智能投顾存在的前提是，从长远来看，"被动投资"——投资于跟随市场大趋势的指数基金并持有这些基金——比"主动投资"——基于研究、反应和直觉进行的快速而频繁的交易——更有利可图。

数据似乎也印证了这一点：很少有主动管理的投资组合的收益

率能超过被动的市场基准利率，特别是在考虑到税费的情况下。对于Betterment来说，事实也是如此。

但Betterment是在经济危机低谷期间建立起来的，并在经济复苏的第一年推出。自那以后，市场开始稳步长期向好：道琼斯指数目前是2009年时低点的4倍。当市场收益如此恒定时，被动指数基金当然会提供巨大的回报。当一切都在上升时，赚钱就变得很容易。

然而，这10年的牛市几乎没有历史先例，经济学家也认为，牛市不会永远持续下去。

那么，在经济低迷时期，被动投资会怎么样呢？机器人是否足够成熟，能够保护投资者在一个崩溃的市场中不失去财富？他们会一直表现得那么出色吗？抑或，在经济低迷时，积极管理的真正价值是否会被揭示出来：即在输家多于赢家的时代，人类的专业知识和判断力是否更具价值？

没有人知道。人们第一次看到答案是在2016年6月24日，而且，答案也并不那么令人鼓舞。在英国选民投票脱离欧盟的第二天，全球市场陷入恐慌，一夜之间蒸发了约2万亿美元的财富。那天（和每天一样），指数基金也跟着大盘下跌。

被动投资的概念基于一场漫长而缓慢的博弈：它要求人们买进并持有指数基金，避免情绪冲动，度过暂时的低迷期。人们认为，在足够长的时间内，市场会恢复，构成投资者投资组合的指数基金也会恢复。

然而，在恐慌中抑制情绪冲动说起来容易做起来难。民意调查和开盘的庄家们曾预测，英国脱欧投票将以"留欧"决定结束，当日，大盘对这一预测的反应是大幅飙升——因此，当晚晚些时候，当计票结果显示押注"脱欧"的人为赢家时，市场观察人士知道，第二天将出现剧烈的修正。

"我们的团队整个晚上都在监控这一活动，"Betterment在第二天早上向其用户发表的一份声明中说，"很明显，美国市场的开放将极不稳定——换句话说，长期投资者将面临一个糟糕的投资环境[14]。" Betterment认为这种恐慌可能对客户不利，因此做出了一个有争议的决定：开盘前三个小时，停止交易。在市场有机会稳定下来，并且可以更好地确定资产的价值之前，交易者既不会在暂时的恐慌期间抛售他们持有的资产，也不会购买其他人正在出售的资产。

乔恩引用了著名投资人沃伦·巴菲特坚持远离波动时说的话："股市是一种将资金从没有耐心的人手中转移到有耐心的人手中的工具。"

Betterment决定停止交易的效果对普通Betterment投资者来说是看不见的：由于该应用程序的设计，其用户是被屏蔽在幕后交易细节之外的。如果说有什么目的的话，那就是该公司希望其用户不要太担心日常的变化。

但这一决定揭示了一个原本隐藏于阴影中的事实：这些智能投顾并不完全是机器人。什么时候进行干预和覆盖算法，仍然由人来做决定，前提是他们认为他们的决定是为了让客户的利益最大化。这或许会让一些客户感到安心，因为这可能会使其投资组合免于灾难，但也会重新引发该软件旨在避免的一些问题：情绪上的过度反应和武断的评价。

成为"机器人"从来都不是乔恩的目标。他的目标是为人们的钱提供明智又负担得起的管理。算法和人工智能是其中的关键部分。"实际分配资本是一个极其复杂的工作，而阅读公司财务报表也绝非易事，如果你认为任何一个为了家庭和事业疲于奔命的人现在都应该从事这项活动，那就太荒谬了——因此，我们已经将其中的许多步骤进行了自动化的处理。"

但人的判断也将永远是不可或缺的。

当高端投资公司竞相追逐Betterment的自动化时，Betterment已经开始在其产品中加入更多的人工判断。在支付更高佣金和接受10万美元最低限额的前提下，客户现在可以选择"优级"服务，从表面上看，它很难与该公司试图取代的高端财富管理区别开来。它包括对具有资质的专业人员的不限次数的咨询，就难以自动化的财务规划寻求指导，这些规划包括买房、生育、退休等事务的决策。尽管公司初创时很简单，但它不断发展，以迭代、敏捷的方式，逐渐开放401K计划、个人退休账户以及信托账户等服务。

"经过多年的发展，我们的建议变得越来越复杂，提供的服务种类也越来越多，"乔恩说，"但核心理念是，如果人们能够获得更多的信息和更好的建议，那他们将做出更佳的决策。通过帮人们理财，让他们的钱生出更多的钱，我们可以帮助他们生活得更加美好。这一使命从未改变。"

沃尔特·克鲁特登

当沃尔特·克鲁特登（Walter Cruttenden）的儿子杰弗里（Jeffrey）大学毕业时，沃尔特决定送他一份毕业礼物。他对儿子说："我们成立一家公司吧。"

沃尔特在创办公司方面有一些经验：他是罗仕证券有限公司（Roth Capital）的创始人兼首席执行官，罗仕证券有限公司是一家对新兴成长型公司进行投资的公司。同时，他还负责亿创理财公司（E*Trade）的投资银行部，该部门为小盘股企业提供资金，并带领它们进行首次公开募股。

沃尔特有4个儿子，他和每个儿子都合伙开办了一家公司，并且找到了双方利益的交汇点。他的第三个儿子杰弗里在路易克拉克大学主修数学。"他是一个真正的知识分子，"沃尔特说，"在2011年和2012年，他对所有新推出的应用程序都非常着迷。"杰弗里喜欢移动应用程序，对它们应该如何工作有着天生的直觉。"杰弗里会说，'老兄，那颜色糟透了。按钮放错地方了。'而他总是正确的。"

他们两人决定开发一款应用程序，可以帮助年轻人——像杰弗里一样的年轻人——创建他们的第一个投资账户。"大多数研究表明，平均而言，人们在35岁到40岁之间开始投资。我们想缩短10年，因为10年可以带来巨大的变化。"这位投资银行家和他主修数学的儿子都明白，即使是小额资金，在10年的复利中也能迅速累积起来。

但他们怎么能让千禧一代投资呢？在大多数情况下，刚从大学毕业的人没有多少闲钱，而美林集团、摩根士丹利和高盛对一个22岁的年轻人的那几个零钱也不感兴趣：这些公司通常要求其投资客户拥有10万美元或以上金额的投资组合。

父子二人由此灵光闪现。

"我们知道摩尔定律，"沃尔特解释道，"计算机的能力正在翻倍，成本每年下降一半——我们考虑了这种情况可能对银行业产生的影响。一方面，这导致了转账支付成本的下降。过去电汇的费用是30美元，但现在降到了1.5美分。"

随着成本的下降，他们意识到，从财务上来说，现在用不多的零钱创建投资账户是可行的。他们有了一个让人们用零钱创建投资账户的想法。"汇总，"沃尔特说，"每当有人用信用卡或借记卡购物时，我们就将差额汇总起来并存入投资账户。"

因此，如果一个人使用借记卡以2.75美元的价格购买咖啡，那么该卡将收取3美元，0.25美元将用于投资。无须任何进一步的行动或决定，用户将定期进行"小微投资"，将几乎看不见的小额资金存起来——开始赚取复利。投资者根本不需要考虑它。这是"被动投资"，它在逻辑和字面上都达到了极限。

沃尔特的商业知识加上杰弗里对应用程序的直觉，两人很快就将他们的想法变成了现实。"我们有很多非常优秀的工程师来帮助我们找到最好的方法。我们与Yodlee和金融科技公司Plaid建立了联系，它们为我们提供了一种可以与银行连接起来的简单而有效的方式。杰弗里不断地对其进行重新设计——他的重新设计一度令我感到沮丧，"沃尔特承认，"但是，你知道吗？它最终成了最酷的应用程序之一。"

他们还需要一个名字——一个能让千禧一代记住和理解的名字。

"我在埃斯孔迪多有一个小农场，"沃尔特说，"杰弗里和我一起散步，捡起地上的橡子，我们意识到这是个好名字。橡子能够长成参天大树。"

Acorns（意为"橡子"）于2014年8月推出，目前拥有500多万用户。投资者的平均年龄刚过30岁。

第五章

**为无银行
账户者服务**　｜　预付卡和新兴银行

过去十年，金融科技的进步已经从根本上改变了我们与资金互动的方式，或者说已经将其数字化了。Braintree和贝宝等支付平台使购物变得比以往任何时候都更加便捷。Yodlee和其他银行应用程序接口让我们可以在账户之间顺畅地转账，而通过像Mint.com和明白钱这样的个人理财平台，我们可以更加清晰、更加方便地查看这些账户的收支情况。当我们缺钱时，贷款俱乐部或Kabbage这样的在线贷款平台可以在几天或几小时之内将钱转入我们的银行账户，而像Betterment和Acorns这样的在线投资工具为我们提供了简单、高效的方法，能够让我们账户中的钱不断增多。

金融科技已经对银行进行了"清理"：去除银行为客户提供的笨重的产品组合，一个接一个地将它们剥离，转化为轻量级、客户友好型的应用程序，而每个应用程序只提供一种服务，但服务的品质却更好。

在这一过程中，金融科技公司向更多人开放了金融服务。

然而，为了享受这些服务，金融科技的客户仍然需要银行。只要你拥有一张信用卡或借记卡，网上支付便会快速又顺畅。只要有一家银行接受贷款，数字贷款就会又快又轻松。如果你不能将钱转入你的账户，就没有办法通过Betterment来增加你的退休储蓄：该应用程序不接受现金。

在友好的品牌外观之下，这些金融科技应用程序都要求用户将其账户与银行连接在一起。

那么，随着越来越多的交易变为数字化，那些没有银行账户的人该怎么办？他们怎样才能不被时代抛弃？

这就是史蒂夫·斯特里特（Steve Streit）试图解决的问题。

史蒂夫说："你不能把钱塞进硬盘，对吧？"

旧模式不再适用

"你不能把钱塞进硬盘，对吧？"

对于那些生活在美国大城市并已经使用智能手机来回转账的人来说，他们很难相信：美国有很多人没有银行账户。

根据联邦存款保险公司2017年的一份报告，有约840万个美国家庭"未享受银行服务"：他们没有银行账户或者信用卡。另外还有约2420万人"未充分享受银行服务"：他们可能有一个支票账户或储蓄账户，但他们的大部分财务需求由所谓的"另类金融服务"——兑现支票的小店、发薪日贷款人、当铺等——来满足。

这些家庭超过了美国家庭总数的四分之一。

未享受银行服务和未充分享受银行服务的人中，非白人比例极高——黑人家庭和拉丁美洲家庭未享受银行服务的数量是白人家庭的两倍多——而其中农村人口比例过高：在人口不足10万人的县区，未享受银行服务家庭的比例高达33%。他们的受教育程度往往比"充分享受银行服务"的人低——2015年，只有14.5%的未充分享受银行服务的家庭有一名成员拥有大学学位——而且他们往往不富裕。事实上，一半的无银行账户家庭曾经有过银行账户，但现在没有了，因为他们说，他们已经没有足够的钱存入这个账户。[1]

在这些人中，有些人是自愿选择退出银行业务的，但绝大多数没有银行账户的人希望拥有却无法拥有银行账户——要么是因为他们的钱太少无法开户，要么是因为他们被银行拒绝了，要么是因为附近没有银行供他们使用。[2]

大衰退扩大了未享受银行服务人群的规模，这不仅仅是因为银行客户在经济困难时期透支了他们的账户，还因为银行本身也正处于财政困难时期。在金融危机之后的历史性低息环境中，银行无法从他们持有的投资中赚到那么多钱，他们发现，对他们来说，眼下最好的创收方式是提高收费——而他们也真就这么做了。如今，透支的手续费比2000年增长了50%以上，自动柜员的平均手续费已经连续14年上升，如今每笔取款会被收费4~5美元。[3] "非利息收入"——银行对这些收费的委婉称呼——在大型区域性银行的资产负债表中占很大一部分，有时高达40%。

仅是这些收费就足以将那些最边缘化的人赶出银行系统。

但在金融危机期间，银行还做了一些其他的事情来帮助弥补失去的投资收入：关闭网点。2008年以来，美国的银行已经关闭了近9000家网点。客流量最小、客户最少且存款量最小的网点是最有可能被关闭的，这意味着许多被关闭的银行都位于农村地区，而这些地区可能从一开始就只有一两家银行为人们提供服务。关闭银行网点产生的结果是，金融危机造成了86个新的"银行沙漠"——在人口中心10英里（1英里约等于1.61千米）范围内

根本没有银行的地区。[4,5]

如果你家附近没有银行，那你的生活费用很高。如果你需要现金，你可能需要开车一个小时或更长的时间才能找到最近的银行的自动柜员机，或者，你可以使用那些不联网的机器，但它会向你收费。在发薪日，你可能会面临类似的困境，你必须考虑一下哪种做法更昂贵：将支票送到"沙漠"中的银行，还是将支票送到当地兑现支票的小店并支付高昂的手续费。[6]

至于那些没有银行账户的人，他们的生活成本会更高。你不用开支票，而是为每张汇票支付一美元或更多的费用。如果你需要贷款，你可以选择发薪日贷款人、当铺和放高利贷者。银行被要求遵守高利贷法律，该法律对利息收费设定了上限，但在许多司法管辖区，这些法律不涉及非传统贷款人。[7]

美联储在2010年发布的报告称："无银行账户的消费者兑现政府福利支票的费用是2.5%到3%，工资支票的费用是4%到5%。"[8]将这一数字乘以一年，再加上每月6张汇款单的成本，一个收入2万美元的家庭每年将支付1200美元的费用，来获得无银行存款账户的"特权"。"任何曾经与贫困做过斗争的人，"詹姆斯·鲍德温（James Baldwin）写道，"都知道贫穷是多么昂贵。"

当我们的经济更多地以现金为基础时，有银行账户和无银行账户的差异没有那么大。但随着互联网在我们生活中变得越来越重要，网上购物也变得越来越重要——而网上购物需要某种数字现金。

一开始，史蒂夫·斯特里特并没有考虑那些没有银行账户的人。他考虑的是音乐。

"我是做无线电广播的。专业是为家庭创造音乐风格——特别是为有学龄儿童的家庭。那时，这类音乐的创作者主要有比利·乔尔（Billy Joe）、菲尔·柯林斯（Phil Collins）、惠特尼·休斯顿（Whitney Houston）、玛丽亚·凯莉（Mariah Carey）。你知道，就是那种音乐。"

电台需要一种推销音乐的方法。"我们需要找到一个东西让听众明白，它不是齐柏林飞艇乐队（Led Zeppelin）那样的硬摇滚，也不是像芭芭拉·史翠珊（Barbra Streisand）那样轻松舒缓的音乐。"他们很难想出一个让每个人都能听懂的词语来形容它。

然后，史蒂夫有了一个主意。"伙计们，"他说，"软摇滚。"

没错，在成为金融科技企业家之前，史蒂夫·斯特雷特是软摇滚的发明者。

"我发起了一场宣传活动：'软摇滚，不太硬，也不令人昏昏欲睡。这是每个人都能认同的音乐。软摇滚。'它随即便风靡一时，因为它让老年人感觉年轻，年轻人感觉不那么老，麦当娜（Madonna）和更多当代艺术家的音乐组合显得更为乐观、积极，不像史翠珊和巴瑞·曼尼洛（Barry Manilow）的音乐那样舒缓轻松，也不是用电吉他演奏出的那种坚硬、暴躁、尖锐的东西。然后，软摇滚音乐站如雨后春笋般冒了出来，到处都是。"

他发现了一种趋势，并顺势而为。这就是史蒂夫所做的事情。

他在无线电广播行业待了很多年，该行业也经历了无数次的并购。1999年，美国户外广告公司Clear Channel买下了他工作的公司。他们给了他一个补偿方案，然后让他走人。

"我有孩子和房子，我很恐慌。"他回忆道。"所以我穿过街道来到美国运通财务顾问（American Express Advisors)的网点。'我刚收到这个包裹，'"他告诉他们，"'但我不知道这是什么意思，你能帮我一下吗？'那个被随机分配为我做顾问的女人说，'噢，史蒂夫，你是个百万富翁。'"

在广播电台工作的几十年里，他一直在悄悄地累积股票期权，而由于Clear Channel的收购，他现在的钱比他想象的还要多，应该是多得多。突然成为一个百万富翁让他感觉有点不适应，他需要好好想想该如何度过余生。

最后，他和一些朋友坐在一起聊天，他们是迪士尼最近推出的互联网门户网站GO.com的音乐主管，所以他们可以向他展示他们的一些新技术。"听着，"他们告诉他，"总有一天会出现高速互联网。"

1999年，人们家里还没有宽带。数以百万计的人在使用互联网，但是，如果他们想在办公室或大学之外的地方连接网络的话，他们主要使用的是拨号调制解调器，由美国在线（American Online，简称AOL）和Prodigy公司提供服务。最快时，这些调制解调器的连接速度为每秒56千字节，因此，假设你的连接没有暂停或中断，你可以在不到20秒的时间内下载一个1兆字节的文件。[9]

史蒂夫在GO.com的朋友向他展示了未来的样貌，在未来，每个人家里都有高速互联网——他们想象的未来将充满新的机会，他们可以通过自己的网站展示迪士尼的产品、服务、玩具和音乐。

会面结束回到家后，史蒂夫对这个未来进行了思考，他有了一个比"软摇滚"更伟大的顿悟：

"人们将在网上购物。"他意识到。不仅在亚马逊（1994年推出）和易贝（1995年推出）上，也不仅在迪士尼等大型网站上——而是在任何地方。"我想，当这项技术到来时，孩子们将是首批使用者。大学校园很可能是第一批高速、不间断在线互联网的使用地，如果这种情况发生，那么，年轻人将需要一种在线购物的方式。"

然而，受限于信贷行业的运作方式，年轻人很难获得信用卡：他们通常没有可预测的收入，也没有足够的信用累积记录——所以他们没有FICO分数。如果没有准确的方法来衡量风险，银行就不会向年轻人提供信贷。

如果没有信用卡，年轻人——最有可能开始网上购物的人——将无法进行购物。

"我们应该为孩子们发明一种信用卡。"史蒂夫想。

他还不知道这将如何运作，甚至不知道这会是个什么样的东西，但这个想法让他兴奋不已。他打开电脑，创建了一个他称之为"百万美元想法"的新文件，并写下了一个单词：*I-GEN*。他将为互联网一代创建一张信用卡。

"事情就是这样开始的，"史蒂夫说，"当时，卧室里只有我一个人。"

最终，史蒂夫的"百万美元想法"变成了一种借记卡，而不是信用卡。当史蒂夫开始与可能的零售商接触、销售I-GEN时，他们并不十分了解该卡的概念。"它们被称为'基于主机的储值卡',没人知道那是什么东西。"因此,他想出了一个更吸引人的名字。

"'预付卡'。因为当时Sprint通信公司和MCI通信公司的预付费电话卡家喻户晓。'这是一张预付万事达卡,'我说,'当你的钱用完了,你就不能再使用这张卡了。没有透支费。'人们立刻说,'哦,我明白了。'"

最终,他说服了美国第二大连锁药店来德爱(Rite Aid)来销售该产品。他们在大华盛顿特区的80家商店开始试点销售。

有一个大问题。"我们没有卖出一张卡片,"史蒂夫说,"没有。零个。每天我都会打电话给来德爱,看看有没有把卡片卖出去,每天他们都会说:'没有,今天没有卖出一张卡片。'"

到那时,启动和运行I-GEN已经让史蒂夫花掉了他从Clear Channel股份中赚来的所有钱,现在,他只能靠信用卡维持生活。"创业——谈到它时,每个人都会觉得它是那么的浪漫和激动人心,不过,也的确如此,"他说,"但当你有孩子要上学,你曾经有钱,但你现在没有了。因为你没有工作,每个月你都知道你将无力偿还抵押贷款……我无法形容那种焦虑和压力。这一点也不浪漫。"

他再也受不了了。由于心理原因,抑或是其他原因,他需要一笔交易。他打电话给华盛顿特区的一位朋友,问:"你能帮我一个忙?请你开车去来德爱买张卡好吗?"

"你会把钱还给我吗?"朋友问。

他的朋友的确买了一张I-GEN卡——很快，其他人也开始买了。[10]但他们不是史蒂夫最初想象的那批人。"我原本以为这个产品的受众是郊区的青少年，因为其（父母）不希望他们使用美国运通卡。我真是大错特错。"

I-GEN有一个呼叫中心，每当史蒂夫有空时，他就会和打电话过来的人交谈，询问他们为什么决定买这张卡。[11]他们的回答令他感到惊讶。"我的信用不好。"一个人告诉他。另一个说："我在银行里不受欢迎，他们不想让我在那里出现。"

电话一个接一个，史蒂夫开始听到类似的故事："费用太高了。""他们都要求你有最低余额。""我需要购物，但我拿不到信用卡。"

"我突然明白了，"史蒂夫说，"我们的产品很好，但我的市场定位错了。"

无意之间，史蒂夫设计了一款可以帮助无银行账户人士的产品。

"这是我第一次意识到有人想获得银行服务，但却得不到。"这张卡满足了那些无法获得传统信用卡的人，以及那些不想随身携带很多现金，但出于某种原因又不能或不会将现金存入银行的人的需求。

2001年，在I-GEN卡推出后不久，史蒂夫将公司从他最初设想的青少年客户群体中转移出来。

他将公司重新命名为Green Dot，并将其产品瞄准无银行账户群体。"我们改变了包装——让它看起来更成熟、更值得尊重，"他说，"我们的目的并不是要帮助'低收入的美国人'。

但每个人都明白。他们理解这一点，很快，Green Dot就成为一个备受尊敬的产品。"

在金融危机之后——信用卡变得越来越贵，许多人失去了信用——预付卡开始流行起来。到2009年，预付卡上累积的资金达到了300亿美元；到2012年，这一数额翻了一番多，达到650亿美元。

随着时间的推移，Green Dot为其预付卡增加了更多的功能。原来的卡片是一次性的：它们不是个性化的（卡片上的名字写着"尊贵的客户"），而且不能再次充值。但不久之后，公司开始通过其网站销售个性化的卡。这些卡可以一直使用，用户可以在出售这些卡的零售店为卡片充值。这种做法为Green Dot客户有效地提供了一个支票账户，他们可以在那里储存资金，而不需要与银行建立关系。这些个性化账户甚至可以用于直接存储工资支票，余额由联邦存款保险公司承保。

"过去，我们常说一个谜语，"史蒂夫回忆道，"'Green Dot有多少无银行账户的客户？'答案是零。一个也没有。"

然而，尽管有这样一个谜语，但使用Green Dot卡并不等同于拥有了一个银行账户。首先，Green Dot的个性化账户并不便宜：任何余额在1000美元以下的人每月都要支付9.95美元的费用，并且每次账户持有人想要充值时都要支付5.95美元的服务费。

此外，这张卡是借记卡，而不是信用卡，这意味着预付卡用户的消费额永远不可能超过卡里的钱。这可能是一件好事：比如，预付卡持有者从不需要支付透支费，因为他们不可能透支。[12]他们也不必担心过度使用信用卡而陷入家庭债务的漩涡。[13]

但是，在两次发薪之间，当一个人需要钱来弥补资金缺口时，预付卡不能提供任何帮助。预付卡也不能为持卡人提供一条通往传统银行的清晰道路：因为它不是信用卡，所以它对建立或修复持卡人的信用记录毫无帮助。[14]

不过，Green Dot卡并非仅仅适用于信用状况不佳的人。它还可以为那些生活在没有银行的社区（上述"银行沙漠"里）的人提供服务。

这部分受众群体激发了史蒂夫·斯特里特的第二大发现。[15]

如果无法获得银行服务不是真正的问题所在呢？他问。难道不是大多数人的银行业务需要在网上完成，而无须去银行网点吗？

2007年，史蒂夫观看了苹果公司发布苹果手机的现场视频。对当时的很多人来说，苹果手机不过是苹果公司最新的高价玩具而已。它的屏幕很小，上网很难。那时，大多数商人都使用黑莓手机，他们很难想象苹果手机会成为办理任何严肃业务的工具。

史蒂夫的思路却与众不同，他看到的是我们从拨号上网到宽带、从缓慢笨重的台式电脑到占据每家咖啡馆桌子的快速便携式笔记本电脑的巨大变化。他知道摩尔定律，即每两年计算机的算力将翻倍的原理。他从内心深处知道，我们用手机就可以做任何事情，这只是时间问题。

"我只知道手机银行将是一件大事，于是我来到董事会，说：'伙计们，我们需要在手机银行上投入大量资金。'"他们努力想看到他看到的东西，"我记得当时有一位董事会成员问我：'所以你想把温尼贝格房车开进社区，这样人们就可以在这里办理银行服务了？就像冰激凌车那样？"

"不，不，不，"史蒂夫告诉他，"我的意思是，他们将通过手机办理银行业务。"

那个人思考了几分钟，然后问道："你的意思是说，人们用手机预约在卡车上与我们见面的时间？"

幸运的是，还有一位董事是著名的迈克尔·莫里茨爵士（Sir Michael Moritz），他是红杉资本（Sequoia Capital）的合伙人。红杉资本是一家价值1.4万亿美元的风险投资公司，其业务涉及苹果公司、谷歌、甲骨文和贝宝。"所以他对科技略知一二。"史蒂夫淡淡地说。莫里茨赞同史蒂夫对移动银行业未来的看法，在莫里茨的鼓励下，董事会对史蒂夫的新计划表示支持：将Green Dot变成一家没有网点的银行。

2008年，美国有7000多家银行，但这并不意味着创建一家新银行是一件非常简单、毫无难度的事情。获得银行执照的过程复杂，费用高昂。在美国，银行要求遵守三个不同联邦监管机构的规则和条例——美联储、联邦存款保险公司和货币监理署。此外，每个州都有自己的法律和监管机构，任何在国家层面运营的银行都必须遵守所有这些法律法规，接受这些监管机构的监督。银行必须满足资本要求、报告要求、隐私要求、反恐和反洗钱要求，甚至包括社区再投资要求。

所有这些监管的原因——表面上看——是为了保护消费者和社区免受危险或掠夺性的银行行为的影响。乍一看，这是一件好事，但所有这些合规性的负担意味着申请银行章程需要大量的律师、大量的文书工作和数年的时间——所有这些费用都有（至少某种程度上是有意为之的）副作用，使现有银行受益，特别是五大巨头银行：摩根大通、美国银行、花旗银行、富国银行以及高盛。

监管要求就像是围绕着银行业的护城河，让外界很难进入。

当然，护城河的作用也是双向的：围绕着银行的监管护城河也是导致银行在适应新市场变化方面表现极其迟缓的一个重要原因。银行想要做出的任何改变都必须经过各级监管机构的审查和批准。然后，这一变化必须整合到银行庞大且通常笨重的基础设施之中。与此形成鲜明对照的是，金融科技——小巧、灵活、不受传统基础设施的束缚——可以更自由地做自己想做的事情。

当金融科技开始考虑如何跨越护城河来创建一种新的银行时，不同的公司想出了不同的解决方案。但其中大多数公司创造的前提与史蒂夫是相同的：技术已经发展到这样一个地步，他们应该能够提供核心银行服务，如支票、储蓄和借记卡，而无须建立实体银行网点。一家新的、21世纪的银行也许完全可以在线生存：其客户可以查看账户、付款、转账、设立直接存款账户，甚至上传支票实物图像。

网上银行可以同时为大城市和农村地区的人们提供服务。[16]不需要在特定地点建立实体分支机构，不需要支付租金或聘用出纳员，也不需要选择为哪些社区提供服务，而不为哪些社区提供服务。这些在线银行可以与现有的自动柜员机网络协商建立合作伙伴关系，而不用建立自己的自动柜员机。

这样一来，网上银行可以节省一笔钱，从而可以为客户提供比传统银行更高的储蓄账户回报率。

这个没有分支机构银行的想法太新了，没有人知道该怎么称呼它们。[17]一些人将其称为"直接银行"（direct bank），因为客户能够直接在线处理自己的交易。另一些人将其称作"挑战者银行"，因为他们以创新的、以客户为中心的体验（和高收益储蓄账户）以及自身的存在向现有银行发起了挑战。还有一些人称之为"新兴银行"（neobank）——这一术语之所以流行起来，至少部分归因于其具有的极其新潮、赛博朋克和炫酷的特质。

不管它们被称为什么，它们都必须解决监管问题：它们必须到达护城河的另一边，获得银行执照，否则他们将永远不被允许营业。构建银行有很多不同的方法，每种方法都有优缺点。每一家新生的"新兴银行"都在寻找一种解决方案，使其达到最低的资本准入要求、最大的灵活性和最快的上市途径。但每一种解决方案都耗时且成本高昂。一旦选择了一条道路，就需要多年的努力才能实现。

而这一切都是未知的。以前没有人创建过网上银行，因此，没有好的方法来预测哪些模型可行，哪些不可行。

2008年，就获得银行执照一事，Green Dot首次与监管机构接触。起初，监管机构没有把他的想法当回事。"我是这样一个人，"史蒂夫谈到自己时说，"从未在银行工作过，其产品连监管机构都未曾听说过。此外，很长一段时间以来也没有新的银行章程出台。"

"异常困难。"

因此，史蒂夫和他的董事会决定尝试另一种策略：收购一家银行。

这也必须得到监管机构的批准，但至少这会让他们的谈判建立在监管机构更能理解的基础之上：毕竟Green Dot不是第一家收购银行的公司。1989年，福特汽车公司（Ford Motor）收购了一家名为"第一资本协会"（Associates First Capital Corporation）的加利福尼亚小型银行。这是一个尽人皆知的例子，因为这是获得银行执照的相对快速的途径。拥有这家银行让福特公司拥有了直接向客户提供金融服务所需的监管框架，而无须通过第三方银行来发放贷款。

Green Dot的业务当然与福特汽车公司大不相同，但其基本目标是相似的：它希望收购一家银行，以便在其现有产品中增加更多的银行服务。因此，福特汽车公司收购第一资本协会为美联储提供了一个可能的模型来构建监管所需的规章制度，这些规章制度可以用来监管Green Dot。

但福特汽车公司的收购也提供了一个警示，因为在福特汽车公司收购第一资本协会之后，该银行最终陷入了严重的财务困境——在这一点上，作为母公司的福特汽车公司承担了巨大的法律责任。Green Dot真的想冒这个险吗？

是的。2010年2月，Green Dot签署了一项协议，收购了总部位于犹他州的一家小型银行——邦纳维尔银行（Bonneville Bank），它并不是看中了其位于普罗沃市的一个网点的位置，而是为了得到那份珍贵的银行执照。但是，要使出售得以通过，首先必须得到美联储理事会的批准。

这一过程花了将近两年时间，在2011年11月底，美联储同意让Green Dot接管邦纳维尔银行，成为一家银行控股公司。这给了该公司新的特权，但也强加给它一些严格的、只有银行而非科技公司才应承担的新的资本要求——其中包括必须以流动资产的形式持有至少15%的股份。[18]

> ### ▶ 英国的"挑战者银行"
>
> 　　金融危机发生以来的几年里，美国只有少数几家新兴银行开张营业：BankSimple（现在更名为更简洁的"Simple"）、Moven、Spirmation和Chime是少数几个能够成功立足并进入市场的公司。
>
> 　　与此同时，在监管要求比较简单的欧盟，十几家新兴银行雨后春笋般涌现出来，它们包括：Aldermore（2009年）、Metro Bank（2010年）、Shawbrook Bank（2011年）、Starling Bank（2014年）、Atom Bank（2015年）、Revolut（2015年）、Monzo（2015年）、OakNorth（2015年）、Tandem（2015年）、N26（2016年）、ClearBank（2017年）以及Tide（2017年）。
>
> 　　也许因为这些位于英国的新兴银行受到的监管更为宽松，所以，当人们把Green Dot称为新兴银行时，史蒂夫·斯特里特有点心生不悦。"我们是一家有着真正的银行产品的真正的银行，"他说，"银行监管机构会像监管大通银行（Chase）和美国银行那样监管我们。当然，我们会针对不同目标受众设计产品并进行特别的分发，但除了这样，Green Dot没什么称得上'新兴'的地方。"

在史蒂夫首次萌生手机银行的想法将近四年之后，Green Dot 终于可以开始向全美各地的客户提供手机银行服务。

Green Dot的移动银行品牌为"GoBank"，于2014年年中向公众推出，拥有免费支票账户、移动支票存款、四万台免费自动柜员机网络，以及通过智能手机应用程序即时向其他银行付款或转账的功能。

由于Green Dot长期以来一直与那些未充分享受银行服务的客户打交道，所以GoBank的账户还包括专门为照顾这些人的利益而设计的功能：不允许透支账户——这意味着没有人会陷入循环透支费用的困境。新账户的开立无须进行信用核查或在ChexSystems上进行查询——因此，那些被其他银行拒绝的人仍然可以成为GoBank的会员。

最后，Green Dot利用其与零售商的关系，为他们的手机银行提供了一个明显的非移动端功能：会员可以在任何一家沃尔玛商店将现金存入他们的账户。

该银行及其功能丰富的移动应用程序立即赢得了评论界的赞扬，并于2013年成为PYMNTS.com主办的创新大赛的金奖得主。

一开始，它并没有吸引到很多新会员。"坦白地说，我们在早期并没有卖出很多账户，"史蒂夫说，"但我们向全世界展示了Green Dot知道如何建立尖端银行技术。在当时，这对我们的士气来说非常重要，对公司未来的生存也非常重要。这让我可以自信地说，Green Dot是一家科技公司。"

这项技术不仅向全世界展示了移动银行的可能性，它还做了一些史蒂夫最初没有预料到的事情。为了构建移动银行应用程序，Green Dot团队基本上将其所有银行服务提炼为程序员所称的"抽象层"（abstraction layer）：他们构建了用于执行各种银行服务的应用程序接口，而GoBank的应用程序可以使用所有这些应用程序接口。

现在，应用程序接口已经建好，史蒂夫意识到，不仅是自己公司的应用程序可以使用Green Dot的银行服务，其他所有的应用程序都可以使用。如果另一家公司想为其客户提供银行服务，但又不想耗时费力获取自己的银行牌照，那么，Green Dot可以帮他们为客户提供这些服务。如果一家公司想为其员工创建定制品牌的银行账户，并将其用于支付工资，那么，Green Dot现在同样有能力这样做。如果一些公司想提供自己的品牌信用卡，但又不想建立自己的信用卡管理基础设施，那么，Green Dot也可以提供这项服务。Green Dot为自己的GoBank所做的任何事情也可以授权给任何其他公司，并为其重新命名。

通过创建移动银行，史蒂夫还将他的公司引向了另一个方向：一家"贴牌"银行，能够提供可以为任何人重新定制的通用服务包。

作为一项业务，贴牌银行业务——"银行即服务"（banking as a service）——对Green Dot来说将比其GoBank品牌更为重要。短短几年时间，该公司就成了优步、沃尔玛和Intuit旗下TurboTax的幕后贴牌银行。

但作为一种理念，银行即服务应该更具颠覆性。多年来，那些大型银行品牌——大通、花旗和美国银行——就是它们所提供服务的代名词。贴牌银行的概念迫使人们对这两件事——品牌与服务——进行思考，这两件事情应该是可以区分开来的：贴牌银行可以作为纯粹的基础设施，为任何品牌提供银行服务。

一旦这个想法被引入，它就会引发一个问题：什么是银行？它是品牌，还是一揽子服务？一旦我们可以从任何品牌获得银行服务，人们就会开始琢磨，大通、花旗银行或者美国银行这些品牌到底能提供什么？我在哪里办理银行业务还很重要吗？

1994年，比尔·盖茨曾说过一句有名的话："银行业务是必要的，但银行不是。"他已经在设想一个未来，银行服务可以通过抽象层提供，并且可以提供给任何品牌。技术花了很多年才赶上了他的设想。

最终，我们还是将这一设想变成了现实。

第六章

关口 重塑汇款世界

伊斯梅尔·艾哈迈德刚刚获得伦敦大学的奖学金，战争就来到了他的家乡——位于索马里的哈尔格萨。

哈尔格萨——索马里西北部最大的城市——战况惨烈，整座城市被炸成废墟，因此人们将其称为"非洲的德累斯顿"。轰炸结束时，哈尔格萨仅有5%的建筑幸存下来，300万居民沦为难民。

在伊斯梅尔一生中最幸运的一天，一个开着自卸卡车离开哈尔格萨的陌生人将他带出了城。

在与邻国吉布提接壤的边境，伊斯梅尔能够使用他的学生签证合法进入吉布提，逃离索马里内战——但他距离伦敦还很远，也没有钱去那里。

哈尔格萨几乎所有的人都在逃亡，四散到附近任何可以藏匿的地方，而他们之间也无法保持联系。和许多索马里兰难民一样，伊斯梅尔的家人最终来到了埃塞俄比亚——他们找遍了所有的难民营都没有找到伊斯梅尔，他们认为他已经被杀害了。通过口口相传的方式，这家人最终发现，家里的所有成员都幸存了下来。当他们得知伊斯梅尔被困在吉布提无法继续前往伦敦时，他在沙特阿拉伯的姐夫给他电汇了一些钱让他买了一张机票，伊斯梅尔终于可以去伦敦上学了——也终于安全了。

汇款——将钱汇往另一个国家的做法——是绝大多数当代美国人没有亲身经历过的事情。但是，往前回溯一代人、两代人、三代人或者五代人，你肯定会发现这样的故事：某个家庭的一位成员移民美国努力赚钱，然后将一部分钱汇回家乡。

索马里人对这种移徙和汇款的流程并不陌生。20世纪70年代和80年代，当索马里内部不稳定时，盛产石油的沙特阿拉伯、阿拉伯联合酋长国、科威特和卡塔尔正在蓬勃发展。成千上万的人从索马里背井离乡，到油田或者其他行业工作，这些行业都是在中东石油财富新一轮积累的背景下涌现出来的。这些工作通常没有人喜欢干，但这比他们在国内能找到的任何工作所挣的钱都要多。"对我们来说，这就像是一次淘金，"伊斯梅尔回忆道，"不管你是一位职员还是一名建筑工人，只要你能够穿越红海，你就可以赚到很多钱。"

这些在海外工作的移民随后将钱寄回家，而正是这些难民汇款使惨遭轰炸和内战之后的哈尔格萨经济得以重建。

哪里有移民，哪里就有可以将资金从远处转移回来的系统。这种做法和时间本身一样古老。[1]人们一直都在把钱转来转去，转钱也一直是一件复杂的事情：速度慢、麻烦而且危险。

在公元8世纪，为了规避货币流动所固有的一些危险，丝绸之路沿线的商人发明了一种称为哈瓦拉（hawala）的汇款系统，该系统至今仍在南亚、中东和伊斯梅尔·艾哈迈德出生的非洲之角使用。

哈瓦拉允许人们转移价值，而无须实际转移资金。它通过经纪人网络运作：如果埃及的一个人想给印度的一个人寄一百美元，那这个人就去埃及的哈瓦拉经纪人那里支付一百美元。经纪人在分类账中将这笔交易记录下来,并将信息发送给在印度的哈瓦拉经纪人。然后,印度经纪人与预期收款人联系——即使印度经纪人从未收到埃及经纪人的付款,他也要从自己的口袋里拿钱将这笔汇款支付给收款人。这两位经纪人没有转移现金,而是简单地更新各自的分类账目,以反映一方欠另一方100美元。

然后,在将来的某个时候,当有人想把钱从印度转移到埃及时,哈瓦拉的两个经纪人就有机会将彼此的账目结清。

该系统以信任为基础,不使用本票,前提是所有这些债务最终都将得到清算。但有时"最终"可能需要很长很长的时间:哈瓦拉已经存在了1000多年,经纪人和他们的债务账本代代相传。

20世纪给哈瓦拉网络带来了变化,原因不仅仅是电信技术的出现:发展中国家的各国政府也开始对外汇进行管制,并实施汇率管制,这使得货币跨境流动变得更加困难和昂贵。

因此,到1988年,当伊斯梅尔的姐夫给他汇买机票的钱时,哈瓦拉的做法变得更加复杂。为了将100美元从沙特阿拉伯转移到吉布提(伊斯梅尔被当作难民放逐在那里),伊斯梅尔的姐夫必须将这笔钱交给一名沙特商人。这位商人通常会用这笔钱购买商品——食品、衣物或建筑材料——并将货物运至吉布提的进口商处。然后,进口商不得不将这些货物出售,这样伊斯梅尔才能拿到100美元。交换货物的做法能够让哈瓦拉经纪人绕过货币法,因为他们不是在进行纯粹的货币交易。在我们的例子中,汇款人伊斯梅尔的姐夫实际上是在为短期商业贷款融资,作为交换,收款人伊斯梅尔将获得原币的全部价值。

　　然而，完成这笔交易通常需要花费几个月的时间。事实上，在其姐夫的钱到达吉布提，使他能够买到机票之前，伊斯梅尔已经在吉布提滞留了整整三个月。近几十年来，世界经济的变化破坏了哈瓦拉体系。首先，中东经济增速放缓，而来自非洲和印度的移民开始在哈瓦拉经纪人网络之外的西方寻找机会。其次，"经济自由化"政策意味着西方国家的跨国公司正在非洲和其他发展中国家和地区开设办事处——他们要求采用能留下更清晰、更具审计效力的书面记录的转账方式。哈瓦拉一直以信任为基础，如今又依靠买卖商品来转移价值，而不是转移现金，这几乎没有留下任何书面记录。

　　最后，由于哈瓦拉网络缺乏书面记录，因而被洗钱者利用，所以西方关闭了许多这种"价值转移系统"。

　　这使得移民只有一种向海外汇款的好方法：电汇。

　　在西方，近一个半世纪以来，转账的主要方式一直是"电汇"。

　　1851年，纽约和密西西比河谷印刷电报公司发明了电汇。不久之后，该公司更名为西联电报公司（Western Union Telegraph Company），这一名称能够更好地反映该公司创建横跨美国东西海岸的电报网络的目标。

　　慢慢地，人们将其简称为"西联"。

　　1861年，该公司实现了发送第一条横贯美国大陆的电报的目标。在接下来的几年里，公司发展得相当快，因此，它的名字成了发送电报行为的同义词：人们会互相"西联"信息。

　　西联花费了几十年时间站在技术创新的最前沿，这完全是因为一个名叫托马斯·爱迪生（Thomas Edison）的年轻人，他是该公司的一位摩尔斯电码操作员。正是在西联工作期间，爱迪生设计了他最具标志性的发明之一：带玻璃罩的股票代码电报机，它通过电报线接收股票价格并打印出来，每秒一个字符，打在一条长纸带上，这条纸带后来被称为"股票行情带"。[2]股票代码电报机是一种早期的、具有变革性的"金融科技"，它极大地提高了人们交易股票的速度，而为适应窄条的代码纸而设计的"股票代码"至今仍在使用。

1871年，西联找到了另一种使用电报线路的方式：汇款。有史以来第一次，人们可以走进波士顿的电报局，把钱"电汇"到旧金山。西联使用的流程与哈瓦拉经纪人使用的流程没有什么不同：波士顿电报局收了客户的钱，然后将一个编码信息发送到旧金山的电报局，然后旧金山电报局把钱支付给收款人。电报和哈瓦拉的主要区别在于：电报可以让两个电报局几乎即时更新各自的分类账簿。

不过，电汇有两个主要的局限。第一个是技术：该系统只能在有电报线路的地方使用，而且电报线路价格昂贵，还有些脆弱。尽管看到了横贯美国大陆电报线路的明显价值，但亚伯拉罕·林肯（Abraham Lincoln）还是试图阻止该公司投资建设这条线路。"我认为这是一个疯狂的计划。要在广袤的平原上布置你的电线杆和电线几乎是不可能的，"他对西联的首席执行官说，"即便你以最快的速度完成了这条线路的布设，也有人会把它砍断。"

横跨海洋铺设电报电缆更加困难，成本也更高。[3]

使电汇变得复杂的第二个局限是现金。虽然发送请求的过程几乎是即时的，但接收方需要手头有现金支付给收款人才行，这就要求西联的电报局必须在全美国——最终，在全世界——的电报局保存大量资金，而正如我们从众多好莱坞电影中的驿站马车抢劫案和火车抢劫案中所看到的那样，运送现金是一项风险很大的业务。

最终，电话取代了电报成为人们主要的通信方式，汇款业务成为西联最可靠的收入来源。[4]西联扩大了它在世界各地的网络，尽管电报线路已被无线电和互联网所取代，但迄今为止，西联依然是资金转移服务市场的领导者，在200多个国家或地区拥有525000个代理网点。[5]

但是，维护这个全球网络的成本是昂贵的。西联的代理点遍布全球各个角落，每个点都需要有房产、员工和现金。货币不同，其价值会波动，不同地区和国家的监管制度也不尽相同。在最偏远的分行，连电力安全都得不到保障，而且无论在何处，现金的实际流动仍然一如既往地危险。

为了弥补这些成本并降低风险，西联向汇款客户收取高额费用。

伊斯梅尔·艾哈迈德即将发现它们的收费到底有多高。

当伊斯梅尔抵达伦敦时，他发现自己有生以来第一次处于汇款过程的另一端：现在他正把钱寄回家。他一收到奖学金并支付了学费之后，就决定把剩下的大部分钱寄回给家人。找到一个可以汇款到埃塞俄比亚的服务机构并不容易：他找到的最近的一个网点，距离他居住的伦敦郊区有3个小时的通勤路程，而且手续费也不便宜。为了把钱寄到非洲，汇款代理网点附加了10%的费用：字面上的十分之一。伊斯梅尔也无能为力，只好支付了这笔费用。

但是，伊斯梅尔的学校之前跟他讲的学业费用跟现实不符。

尽管他已经为自己可能的开支做了预算，但他很快发现自己在大学教书的工作无法支付生活费用，根本没有多余的钱寄回家。于是他做了第二份工作，摘草莓，并尽可能长时间地工作。不久，他每天醒着的每一个小时，不是在工作，就是在学习。

现在，他已经无法抽出3个小时的通勤时间去汇款代理网点。高昂的服务费加上往返路费，他试图寄回家的钱已经损失掉将近30%。时间就是金钱：从实际意义上讲，这些费用意味着伊斯梅尔必须多工作30%，少睡觉或学习30%，才能弥补每次转账所损失的钱。

然而，他寄钱的艰辛与家人收钱的艰难相比显得微不足道。埃塞俄比亚的汇款代理网点在首都亚的斯贝巴，但他的家人却住在100千米之外的难民营，他们每次去取伊斯梅尔寄来的钱来回都要花上两三天的时间。

而且，永远也不能保证钱会按时到。

伊斯梅尔正在尽其所能帮助家人，以解他们的燃眉之急——但汇款过程使得汇款变得异常困难和昂贵。最需要钱的人也是在取钱方面面临最大挑战的人。这个系统不够便利。

由于他学的是商科和经济学专业，所以他决定研究一下汇款这个行业，并解决存在的问题。

毕业时，他已经是伊斯梅尔·艾哈迈德博士，拥有经济学博士学位，并在联合国开发计划署找到了一份工作。他的职责是帮助非洲的转账公司实施新的做法，以遵守"9·11事件"后的国际反洗钱法。

之后，他离开了之前的岗位，创建了WorldRemit。

如果你想在2010年重建汇款业，你会怎么做?

这是伊斯梅尔和他的新公司面临的问题。

最大的问题是现金。

汇款人在一个地方存入货币，收款人在其他地方把货币取出来，这从来都不是一件容易的事。在1871年，当西联开始这样做时，至少还说得通——因为当时没有什么好的选择。

那么，21世纪又怎么样呢?

数字化、手机、信用卡、在线支付——所有这些技术都使得现金不再是资金转移过程中的必要部分。

如果汇款过程可以数字化，那么汇款代理机构就不再需要在世界各地成千上万个网点保留办公场所、成堆的货币和安保人员。不会再有汇款代理期——也不会再有高昂的费用，而在伊斯梅尔的一生中，这一直是汇款行业的常态。

WorldRemit致力于成为一个数字汇款平台。

为移民设计一种数字汇款方式并不困难。大部分移民是从高度发达的国家往外寄钱的，而这些国家已经拥有围绕数字技术而设计的可靠基础设施。虽然并非每个移民都有银行账户,但在欧洲,拥有银行账户的移民比例高达97%,因此WorldRemit可以通过银行、借记卡、预付卡或信用卡以电子方式将这些人的资金汇出去。

WorldRemit的数字汇款系统因国家不同而略有差异:在一些国家,它可以直接接入银行数据库;在另一些国家,使用借记卡和信用卡付款是更好的解决方案。但对于每一个国家,WorldRemit团队都试图找到最简单的方式,让客户不用现金汇款。

在收款方层面,事情要复杂得多。接收汇款的人往往在发展中国家——那里的人们可能无法可靠地接入互联网,没有智能手机或者银行账户。传统汇款的大部分成本都源于这样一个事实:在这些地方,没有更好的现金替代品。如果收款人没有银行账户,你就不可能将钱电汇到他的账户上。如果收款人没有智能手机,你就无法把钱转到他的手机上。

因此,即使WorldRemit可以做到汇款方不使用现金,但这并没有改善对收款方来说要大得多的问题——成本。一般来说,收款人仍然要去一个人口集中的地方——通常是国家的首都或其他有汇款代理网点的城市——这些地方距离收款人的居住地往往有几十公里或几天的路程,而对收款人来说,来回奔波的费用和风险几乎是无法承受的。

如果伊斯梅尔找不到汇款交易的收款方不得不提取现金的替代方案,如果他不能为大多数没有银行账户或者没有智能手机的人找到更好的解决办法,那么他将无法以他希望的方式给汇款这个行业带来大幅的改善。

幸运的是，他的确找到了一个更好的替代方案。它就是
M-Pesa。

在Venmo出现之前，在Zelle出现之前，甚至在苹果手机出现
之前，就已经有了一项允许人们使用移动设备来回汇款的服务，
该服务于2007年在肯尼亚创建。

M-Pesa是英国通信巨头沃达丰（Vodafone）与内罗毕移动网
络运营商萨法利通信公司合作的产物。M-Pesa旨在解决一个特定
问题：帮助肯尼亚民众获得和偿还贷款，而他们中有许多人没有
银行账户，也很难获得银行账户。"沃达丰参与了英国国际发展
署（英国负责管理海外援助的政府机构）提出的一项方案，该方
案旨在深化对无银行社区的金融渗透。"萨法利通信公司前首席
执行官兼M-Pesa计划创始人迈克尔·约瑟夫（Michael Joseph）解
释道，"沃达丰一个叫尼克·休斯（Nick Hughes）的家伙想出了
一个主意，用手机支付和偿还小额贷款，幸运的是，他们询问萨
法利通信公司，我们是否可以在肯尼亚进行试验。"

这个想法是允许客户在他们的手机账户上存钱。使用手机的
短信服务，再加上一个个人识别密码，钱就可以转入转出；客户
无须去银行网点，甚至无须拥有银行账户即可支付账单。人们可
以访问任何参与此项活动的供应商，像预存手机话费那样，把钱
存到他们的账户上。

M-Pesa（*Pesa*在斯瓦希里语中是"钱"的意思，M代表"移
动"）甚至不需要智能手机。它可以在任何具有短信功能的移动

设备上运行——这意味着，即使在2007年，近一半的肯尼亚人也能够使用该项服务。

基础款的诺基亚手机已经变成了无网点银行业务设备。但在萨法利通信公司首次试用这项服务时，很快便发现人们使用M-Pesa并非主要用于小额贷款和还款，而是用来转账汇款，特别是将钱从工作岗位多的城镇转到肯尼亚偏远的农村地区。

看到这个机会，萨法利通信公司围绕着"寄钱回家"这一中心思想对M-Pesa进行了重新设计与构建。

"这需要巨大的投资，同时也面临着巨大的风险，"约瑟夫在谈到公司的这项核心工作时说，"我们知道，只有镇上那些收到钱的人确实能够找到把汇款兑成现金的地方时，M-Pesa才能够发挥作用。"这意味着萨法利通信公司必须在肯尼亚偏远地区建立一个代理网络，在那里，人们可以在需要的时候将M-Pesa账户中的钱兑换成现金。

即使在进行了投资并建设了基础设施之后，萨法利通信公司团队仍然不知道人们是否会选择使用该服务。他们的商业计划告诉他们，如果他们想生存下去，第一年年底前，他们就需要35万用户——但约瑟夫觉得这个数字太低了。如果M-Pesa没有在肯尼亚全境流行并受到人们的欢迎，那么它就很难生存下去。"我们必须有一个无处不在的分销网络。我们必须有一个优秀的、强大的品牌。该产品必须一直有效运转。"

"如果你做不到一百万个客户，"他告诉他的员工，"我就解聘你。"当然，他多少有点开玩笑的意思。

多少有点。

M-Pesa于2007年3月正式推出，到那年12月，他们已经拥有120万名客户。约瑟夫的员工不仅保住了他们的工作，而且还一直非常忙。

在接下来的几年中，M-Pesa在肯尼亚的资金转移业务量越来越大，而M-Pesa的用户也增长到了数百万，然后是数千万。到2010年，M-Pesa的业务已扩展到坦桑尼亚、阿富汗和南非，并已成为发展中国家最成功的基于手机的金融服务商之一，向无法获得银行服务的人提供银行服务，帮助最贫困的人摆脱贫困。[6]

关键是，约瑟夫认为银行不可能推出这项服务。"银行通常需要在头6个月到9个月内实现赢利，因为他们希望看到投资的回报，"他解释道，"手机运营商不需要从M-Pesa那里赚钱。假如他们想那样做，也无可厚非，但他们不需要那样做，因为他们的利益点是客户的黏性和忠诚度。"任何想使用这项服务并享受其低廉转账费用的人都必须是萨法利通信公司移动网络的用户——这为该公司赢得了肯尼亚三分之二的市场份额。它依然在非洲、亚洲和欧盟东部地区扩张，目前已经拥有约3000万用户。

先普及，再盈利

"手机运营商不需要从M-Pesa那里赚钱。假如他们想那样做，也无可厚非，但他们不需要那样做，因为他们的利益点是客户的黏性和忠诚度。"

M-Pesa是快速发展的"移动货币"行业中最早也是最大的公司之一，该行业为使用基础款手机和本地运营商网络而不是拥有银行账户的人提供金融服务。

随着M-Pesa的成功，其他电信公司也创建了自己的"移动钱包"——乌干达的MTN、津巴布韦的EcoCash、坦桑尼亚的Tigo，到2020年，预计整个非洲将有约5亿移动端用户。[7]

这正是伊斯梅尔·艾哈迈德实现其WorldRemit愿景所需要的技术。

他找到了他想要的，但这并不意味着电信公司就急于与他合作。

"早期，由于速汇金（MoneyGram）和西联的原因，许多电信公司对我们能否说服移民从传统方式转向移动方式持怀疑态度，"伊斯梅尔回忆道，"而收款方银行也非常怀疑。"

他必须说服他们，他的业务是西联的可行替代方案——他知道如果不证明WorldRemit能够处理大量交易，他就无法做到这一点。

"两年内，我们在30多个国家——大约35个国家——获得了许可证。这种增长水平在我们这个行业中是前所未闻的。"遵守一个国家的规则已经是一项挑战，要想在30多个国家同时获得认可在很大程度上是不可能的——如果不是伊斯梅尔20年来在汇款行业积累的专业知识，这也许真的不可能。"我们想向我们的合作伙伴展示，我们可以提供用户数量，我们可以提供支持。如果我们只待在英国或欧洲，我们就无法实现这一目标。"

然而，这需要WorldRemit提前投入大量资金。"最初的三四年，我没有从风险投资人那里拿过钱。"他不想让投资者转头看着他，然后问他为什么要把钱浪费在扩张上。"我只是'浪费'了我们天使投资人的钱，"他大笑着说，"我们正在建设。我们希望确保我们正在建设的东西能够发挥作用。直到2013年年底，我们才开始向移动货币账户汇款，特别是在非洲，此时，我们才开始与风险投资人展开对话。"

知道何时以及如何成长

"我没有从风险投资人那里拿过钱……我们正在建设。我们希望确保我们正在建设的东西能够发挥作用。"

WorldRemit正在构建的是软件接口——"轨道"——他们需要通过这些轨道将汇款方的银行和收款方的移动货币账户连接在一起。一旦这些轨道铺设完毕，人们就可以使用WorldRemit在任何合作机构之间即时汇款，所需费用只是西联收取费用的零头。

它确实表现不错，投资者也注意到了这一点。2014年3月，WorldRemit从脸书早期支持者Accel合伙公司获得了4000万美元的A轮融资，2015年，获得了由TCV投资公司领衔的1亿美元的B轮融资。

但该平台成功的真正证明来自其用户。WorldRemit被评为英国发展最快的科技公司，目前每月处理110万笔付款。该公司估计，到2020年，将有1000万人使用这项服务，为什么不呢？WorldRemit的汇款费用平均在2%到3%之间，而传统竞争对手的汇款费用高达

10%。而且，收款方的费用也大大节省——甚至比汇款方节省的还多。数字化——将汇款变现——不仅仅是为交易本身省钱，也意味着收款方可以避免一次潜在的危险和耗时的长途跋涉，从遥远城市的汇款代理那里取回款项。取而代之的是，这些钱在不到3分钟的时间内直打到收款人的手机上。[8]

人们之所以谈论"颠覆性技术"，是因为这些技术让我们很难记住或想象他们之前的生活。心理学家称之为"享乐适应"：让我们感到震惊并突然改变我们环境和行为的事情很快变得正常并被视为理所当然。

WorldRemit就是这样一种技术。一旦人们看到资金可以如此迅速地在国家之间进行转移，而且其成本远低于传统方法，那他们难免会感到奇怪：为什么其他公司要收取那么高的费用？我究竟在为什么付钱？

如今，像西联这样的传统汇款服务必须努力跟上时代的步伐。他们过去的做事方式，他们知道的唯一做事方式——风险高、耗时长、成本高的方式——正面临着被淘汰的危险，因此，他们正在争先恐后地进行数字化，减少管理成本，降低收费。

但最重要的是，他们正在争先恐后地证明，在一个现金不那么重要、可以通过手机转账、银行自身价值开始受到质疑的时代，他们尚没有落伍。

我们究竟在为什么付钱？

第七章

神秘
货币

加密货币①

查理·史瑞姆身高1.65米左右，此人不仅狡猾诡诈，还是一个彻头彻尾的投机分子。

查理一直都是个投机分子。他需要这么做。当查理在布鲁克林读高中时，他就知道自己不会在学业（"我不是蜡笔盒里最亮丽的那支"）或者社交技能上出类拔萃（"我会在网络聊天室闲逛……所有有社交恐惧的人都会在那里闲逛"）。

查理所拥有的只有胆量，如果他想在这个世界上成功，就只能靠它了。

查理已经在弗拉特布什做了一个小生意，帮助人们修理电脑和打印机。他从事电子产品销售的表亲过来找他，商量如何才能拿到数码公司仓库里积满灰尘的电子产品。

"我们去这些数码公司，就说：'你有一千台数码相机？别卖了，放在那里。这一千台留给我。'"

查理是一名高中生，他没有足够的钱买一千台照相机。

但是，他有胆量。

"我们创建了一个网站——DailyCheckout。"该网站是一个"每日交易"网站：每天，网站都会推出一个单一的消费电子产品并打折出售。每天早上，查理都会更新网站，随后订单蜂拥而至。往往是一天还没到头，他的银行账户里已经存满了钱。

然后，查理会回到数码公司与他们谈判，以批发价格购买他需要的东西。"不管我们卖什么,我们都会从这些人手里买,然后再转卖给顾客。我们每件基本上可以有一两美元的利润。"

DailyCheckout的商业计划中最重要的部分是,他们从不需要自己存货:他们首先确保把货卖出去,不花一分钱,然后再去购买完成订单所需要的货物。顾客喜欢DailyCheckout,因为他们能够在这里以折扣价格买到高质量的电子产品;数码公司也喜欢它,因为它能够帮助他们消化库存。"其中很多公司会直接将货物发给客户。"

对于一个年仅十八岁、初次经商的年轻人来说,DailyCheckout是一个巨大的成功。"这家公司几乎可以说是自动经营。我们每天发送600箱到1500箱货。这非常棒。我们用经营所得支付账单,很有趣,我们玩得很开心。"

查理的大学学费也是依靠DailyCheckout赚取的。

上大学还帮助查理将自己的一些不同兴趣联系在一起:钱和观察他人。"我喜欢研究人。我是那种喜欢坐在咖啡馆里观察他人及其反应的人。"但在上大学之前,他从未试图以更系统化的方式来理解这些反应,也从未试图搞清楚这些反应背后的原理。"我有一位非常好的经济学教授,他让我知道了社会经济学的概念,"查理说,"从本质上来讲,社会经济学是一门研究人类行为——当涉及金钱、价值以及我们行为的所有这些不同属性时——如何影响我们日常生活的科学。"

研究经济学让查理受益匪浅,而且还让他有点痴迷。同时,也让他拥有了新的思维方式。"我不知道'奥地利经济学派'

是什么，我也不知道米塞斯研究所是什么。我只知道我们现在应用的是什么经济学理论：凯恩斯资本主义（Capitalism with Keynes）。"

"凯恩斯资本主义"——凯恩斯主义经济学——在过去一个世纪的大部分时间里，一直是发达国家财政政策制定的基石。以英国大萧条时期，经济学家约翰·梅纳德·凯恩斯（John Maynard Keynes）命名的凯恩斯主义经济学认为，金融系统本质上是不稳定的。如果不加控制，它们将永远无法摆脱"颓废和自私"的操作，并将在繁荣和危险的衰退与萧条之间摇摆。由于这些波动对社会造成了巨大的伤害，凯恩斯建议，政府和央行应该努力通过监管和货币操纵引导经济——比如通过注入或移除现金干预通胀，或者通过使用关税控制国际贸易流量——来缓解这种波动。

尽管凯恩斯的思想在1936年首次发表时并不受欢迎，但从那时起，世界上每一个发达国家都在某种程度上践行着这些原则。"我们现在都是凯恩斯主义者。"诺贝尔经济学家米尔顿·弗里德曼（Milton Friedmann）曾经说过，这句话后来甚至得到了美国前总统理查德·尼克松（Richard Nixon）和英国前首相玛格丽特·撒切尔（Margaret Thatcher）等保守主义者的响应。

但凯恩斯主义经济学背后的理念没有与查理产生共鸣。他没有特别的理由相信中间人会做对人们最有利的事情。监管有利于中间人，他说："我不喜欢中间人。怎么称呼他们无所谓，我就是不喜欢中间人。"

查理喜欢的是这样的市场，即他每天看到的情况：买家和卖家能够根据他们认同的物品价值来确定其价值。这就是 DailyCheckout网站的工作方式，而在他看来，这是经济更为普遍的运行方式。

就是在那个时候，其中一个人向查理发送了他的第一枚比特币。

比特币可能有点难以理解。

"在比特币诞生的早期，没有人真正知道它是什么，"查理说，"这个词甚至在谷歌上都搜索不到。当时还没有网站或其他任何东西介绍它，只有一份白皮书。"

对。世界上第一个加密货币最初是一份白皮书。

2008年10月31日——雷曼兄弟倒闭六周后，巴拉克·奥巴马当选美国总统四天前——一位闻所未闻、名叫中本聪的人，通过电子邮件向一小部分密码学专家发布了一份长达九页的提案，该提案名为《比特币：点对点电子现金系统》。

在这份白皮书中，中本聪提出了一种新的数字货币理论，这种货币可以在不需要中介机构、政府或央行的情况下运行。"一个纯粹的点对点版本的电子现金，"白皮书开篇说道，"允许在线支付，直接从一方发送到另一方，而无须通过金融机构。"[1]

"电子现金"这一概念对于邮件列表中的专家来说并不新鲜。该团体由自称为"密码朋克"的隐私权倡导者和计算机编码人员组成。"密码朋克"是"密文"（cipher，密码）和"赛博朋克"（cyberpunk，一种以描述高科技的、反乌托邦的未来计算机黑客为背景的科幻风格）的混合体；其成员为世界上重要的密码学专家。

为什么一群密码学专家会关心电子现金之类的东西？

让密码朋克走到一起的以及他们讨论最多的，是他们共同的信念，即像软件加密这样的隐私增强技术不只是为了谨慎，它们对于技术社会中的自由也至关重要。《密码朋克宣言》（Cypherpunk Manifesto）的开头一段说："隐私不是秘密。"此宣言由该组织早期成员之一的埃里克·休斯（Eric Hughes）于1993年起草。"私事是不想让全世界都知道的事，而秘事是不想让任何人知道的事。隐私是一种有选择地向全世界展示自己的力量。"

这——有时选择谨慎和匿名的权力——是一种我们在新的电子时代几乎完全失去的力量。监控相机跟踪我们的动作，面部识别软件显示我们的身份，而银行和信用卡公司对我们的整个购买历史进行了详细记录。"当我在一家商店购买一本杂志并把现金交给店员时，"《密码朋克宣言》继续说道，"他们没有必要知道我是谁。"然而，在像信用卡购物这样的电子交易中，一个人的交易和身份是联系在一起的——任何接触此类信息的人都可以贩卖这些买卖历史记录。"我没有隐私。我无法选择性地暴露自己，我只能永远暴露自己。"[2]

因此，密码朋克长期以来一直对开发电子现金支付方式感到好奇，这种支付方式可以让人们在交易中保持匿名，当然，前提是我们有选择保有隐私的自由。

但要设计这样一个系统，密码朋克需要解决一些问题。首先，他们需要能够创建一个不容易伪造的数字文件。在默认情况下，数字文件易于复制——因此，任何形式的电子现金都必须有一个在某种程度上能够让每种面额的货币都具有独一无二特征的系统作为保障，这样一来，数字文件就很难或者完全不能伪造。

其次，电子现金需要一种确定所有权的方式——钱归谁所有——同时还要保护一个人的真实身份。这个问题本身对密码学来说并不新鲜，也不是特别困难。可以通过所谓的"非对称加密"来解决，即每个人都有一个由两部分组成的数字签名：一个可以与任何人分享或分发给任何人的"公钥"，以及一个只有所有者知道的单独链接的"私钥"。任何人都可以对信息进行加密（使用公钥），并将其转换为可安全传输的编码数据，但它只能由私钥持有者解密和读取。

但围绕这些密钥的更大问题是：谁负责验证它们的真实性？谁来保管那个软件？当即使是最具善意的代理人也可能会被法庭传唤或者遭到黑客攻击时，我们该如何信任那些特定代理人呢？

这一监管问题不仅适用于显示谁拥有这张电子现金的数字签名，还适用于该现金的任何一次转移。当有人想花钱或把钱寄给别人时，大家怎么知道这笔钱已经转移了呢？在真实的现金系统中，很容易看到钱是何时从一个人手里传到另一个人手里的，因为我们可以看到谁是最终持有现金的人。没有人能够将一张二十美元的现钞同时花在两个地方。但使用数字货币时，因为没有可见的现金，所以就需要有一个有效的会计机制，防止一个人不止一次地花同一笔钱——即密码朋克称之为"双重消费"的问题。

信用卡公司和银行通过对交易进行分类账目管理来解决这一双重支出问题——这就是为什么每次你使用信用卡购物时，商家都会刷一下你的信用卡并等待批准的原因：发卡机构正在验证你是否确实拥有你想要消费的资金。他们先查看一下他们的账本，确认你的账上是否有钱可用，如果有，他们就会批准此次交易并更新分类账簿以反映你的余额状况。

但密码朋克希望找到一种既能够完成所有这些记录又不依赖"受信任的第三方"来维护分类账簿的解决方案，因为他们认为，没有任何一个第三方让人足够的信任。

事实上，信任问题最初是创造新货币的最大动机。

如今，钱的使用完全依赖于信任。我们来回传递的美元之所以有价值，唯一的原因是我们都认同它们有价值，而我们之所以认同这一点，是因为我们对其背后的基础体系——联邦储备银行和美国政府——充满信任。

从历史上来看，这种信任来自"金本位制"，即美国政府决定以每盎司20.67美元的固定汇率将美元价值与黄金价值直接挂钩。任何持有美元钞票的人都知道它的实际价值，法律允许他们可以在任何时候以这种汇率将美元兑换成黄金。每个人都可以相信美元的价值，因为它与黄金挂钩，其价值是确定且不变的。而且，只要有金本位制，人们可以把自己的钱兑换成黄金，政府只有一种方法来增加国家的现金量：获得更多的黄金。

然而，在大萧条期间，这就成了一个问题：政府面临着日益增长的失业率和滚雪球般的通货紧缩，它需要向金融体系注入更多的资金——却无法做到，因为流通中的美元数量受到金本位制的制约。1933年，美国国会和罗斯福政府命令人们将黄金兑换成现金，然后重新设定金本位制，从每盎司20.67美元调整到35.00美元——立即将更多的现金注入金融体系中。

人们普遍认为，这一举措——凯恩斯主义经济学的教科书案例——有助于美国走出经济萧条。

但是，信任呢？

那些财富（以美元计）突然被一个本应为他们的利益而采取行动的政府贬值的人又怎么样了？

如果联邦政府能够在一夜之间重新设定美元的价值，那么人们怎么会相信美元是一个可靠或可预测的财富储存介质呢？

自从取消金本位制以来，美元的价值并不是根据黄金的价值，而是根据市场对美国整体价值的信任程度上下波动。[3]而联邦货币政策也在不断地与金融系统进行博弈，增加或减少流通中的美元数量，消除市场潜在的动荡。美联储的政策目标是将通胀率保持在2%左右——这意味着持有美元财富的人每年将损失2%的财富——因为这个通货膨胀率掩盖了逐渐扩大的经济规模。

到目前为止，市场对美国价值的信任得到了维持。但稍微回望一下历史，便会发现这种信任出现动摇的例子，致使人们——甚至整个社会——遭受巨大损害。最臭名昭著的例子可能来自德国魏玛，在那里，货币贬值异常剧烈，人们发现货币的最佳用途就是放进炉子里烧火取暖。同样的突然贬值也发生在第二次世界大战后的希腊和匈牙利、苏联解体后的南斯拉夫以及2008年的津巴布韦。

一旦人们对一个国家的信任瓦解了，那该国货币的价值就会即刻消失。

 开源

一旦人们对一个国家的信任瓦解了，那该国货币的价值就会即刻消失。

信任问题也不是一个可以用算法解决的问题。"任何算法，"尼克·萨博（Nick Szabo）继续写道，"就像旧的金本位制一样，都可能在'危机'中被修改：一个被信任的第三方可能无法做出坚定可信的承诺，继续运行相同的算法。"

因此，想要真正可靠，密码朋克能够发明的任何电子现金系统不仅需要解决加密、防伪造和双重消费问题，还需要解决可能被任何第三方（包括货币发行人）操纵的问题。唯一可以真正信任的货币是一种不能被操纵的货币——因此，它应该是一种按照透明规则运作的货币，其价值将始终且仅由自由市场决定。

多年来，密码朋克一直在致力于解决这些问题。早在1998年，该组织的一名成员就提出了一种称为b-money的方案，试图通过建议每一位b-money货币使用者对自己所有的b-money货币交易进行个人的、独立的分类账目管理来解决双重消费问题。这样，如果有人试图双重消费，网络上的其他分类账簿将能够检测到异常。

2005年，尼克·萨博提出了一个解决数字货币伪造问题的方案，他借用了亚当·巴克（Adam Back）首次向该小组介绍的一种防止垃圾邮件的方法，该方法被称为"工作量证明"系统。为了防止肆意创建数字文件，每个文件都需要包含这个工作量证明——一般来说，就是一道数学题的答案。对于计算机来说，该题目既困难又耗时，但一旦完成，其他计算机验证起来就非常容易。就时间和计算能力而言，工作量证明系统将使伪造数字文件的成本相对升高，使得伪造的可能性接近于零，因为伪造者的工作量证明可以很容易地被网络上的其他人核实。

但在比特币问世之前，这些电子现金解决方案都没有充分解决本身存在的所有问题。

比特币白皮书解决了密码朋克几十年来一直致力于解决的一切问题。虽然白皮书只有九页长，但它却揭示了对密码学、经济学、计算机科学以及密码朋克多年来为解决数字现金问题所做的所有前期工作的深刻理解。

白皮书不仅对密码朋克早期提议进行了阐释，而且还对它们进行了改进。

谁是中本聪？他来自哪里？

比特币真的可行吗？

关于前两个问题，没有什么宝贵的信息。除了他为自己写的一篇模糊的个人简历（37岁，男性，日本）之外，没有人能找到一个名叫中本聪且拥有撰写比特币白皮书所需专业知识的人的任何记录。[4][5]白皮书的作者显然是隐私增强技术方面的专家，他竭尽全力确保邮件列表上的任何帖子都无法追踪到作者的真实身份；一个如此热衷于保护隐私的人竟然以一个特定的名字发表白皮书，这似乎令人难以置信。

该组织的许多成员都对作者的真实身份有自己的猜测。世界上没有那么多人具备这样的专业知识。[6]但每次有人提出一个名字时，这个人就会否认自己是中本聪，而且争论异常激烈。

与此同时，中本聪本人（她自己？他们自己？）对讨论白皮书的内容比对讨论中本聪身份细节更感兴趣。中本聪与密码朋克邮件列表中的其他成员一起工作——包括白皮书中提到的许多人，他们帮助采取了一些早期步骤来解决电子现金问题。

然后，在2009年1月3日，中本聪启动了比特币网络，使白皮书中的所有想法成为现实。

比特币解决方案的核心是"分布式账本"——也就是所谓的"区块链"。每次创建或交易比特币时，该交易都会被记录在数据库中的所谓"块"中，此块被附加到所有其他块的末尾，从而创建一个"链"。区块链是所有比特币交易的分类账簿。

但这本分类账簿没有一份单一的、确定的副本。相反地，它的相同副本分布在整个网络中，因此它不会丢失，也不会被操纵。篡改一份分类账簿——比如说，试图伪造比特币或完成未经验证的从一个所有者到另一个所有者的转移——是行不通的：这一个异常分类账簿与网络上的其他分类账簿不相匹配，它会被其分类账簿否定和覆盖。

比特币中的许多技术都致力于确保其区块链分类账簿中的

每个新条目都是真实的。通过使用非对称加密技术，每笔交易都与一个独特的数字签名相关联，且作为每个用户的公钥向公众显示，但用户的真实身份受到优先密钥的保护，并存储在他们的"钱包"（存放比特币的软件）中。

系统每十分钟添加一个新区块，其中包含自上一区块以来的所有比特币交易。要验证每个区块的真实性，该系统依靠其对等网络来完成一个复杂的密码数学问题，并将该数学问题的答案作为"工作量证明"附加到新区块上，以确保每个新块都很难构建，但一旦构建，就很容易验证。

解决这些数学问题需要大量的计算机处理能力，为了奖励网络上使用计算机的用户（以及随之损耗的所有电能），完成工作量证明计算的用户将获得新的比特币。[7]这个过程是系统能够生成新币的唯一途径。

起初，比特币还是一种新生事物，区块链只是一个小的交易记录，"矿工"们能够相对轻松地解决数学问题，将大量货币快速引入该系统。[8]因此，在比特币推出后的几周到几个月的时间里，人数相对较少的爱好者突然囤积了大量他们认为毫无价值、无法支付的货币，所以，他们成千上万地相互赠送，目的只是为了娱乐好玩。[9]据估计，在该网络成立后的第一年，中本聪一个人就开采了100万枚比特币。

然后，在2010年12月12日，中本聪消失了。

2012年，美国联邦调查局起草了一份报告，详细列举了比特币成功地使其犯罪预防工作变得更加困难的所有方式。[10]

比特币也引起了监管机构和法院的注意。到2013年，比特币的价格已经达到了令人疯狂的水平：年初为13.30美元，年末为770美元，甚至一些可疑的投资者也开始买入。加密货币交易网站上的一系列黑客和欺诈行为迫使消费者开始寻求某种政府监督和保护。

但他们将如何监管一种某种程度上来说是为了规避监管而设计出来的货币呢？

它真的是一种货币吗？货币具有两个功能。一是可以用它们买东西，二是可以用它们来储存价值。现钞之所以有用，是因为它既可以花又可以存。

但比特币并不是人们可以轻易花出去的东西。没有人能够用比特币在超市买面包。比特币的价值波动太大，无法实际使用：2011年年初，比特币价值1美元，到6月中旬约为32美元，到11月又降至2美元。[11]你今天花在面包上的钱可能明天就能买到一辆兰博基尼——因此，用更稳定的货币购买面包应该更加安全。

比特币的不稳定性也使其成为一个糟糕的价值存储介质：它太不可预测。如果你把所有的美元都转换成比特币，藏在众所周知的（和数字的）床垫下，当你在六个月、六年或六十年后去寻找它时，你将无法保证你的财富还在那里。从历史上看，当一种货币总是大幅度波动时，人们会将财富转移到更能保证其价值的商品中，如黄金、石油甚至糖。

事实证明，比特币白皮书中真正的创新并不是比特币。

真正的创新是区块链。

第八章

**帝国
反击**

金融科技与大银行

2015年，杰米·戴蒙致函摩根大通的股东。"硅谷来了，"他告诉他们，"他们都想吃我们的午餐。"[1]

这是一个可怕的警告——而且是真实的警告。

2008年之后的几年时间里，硅谷一直在对金融业进行彻底改造。他们将银行拆解，仿佛要把它们拆成零件，然后把这些零件重新组装成起来，成为更新、更漂亮、更强大版本的银行。金融服务几乎受到了全方位的挑战。贝宝和Venmo等平台使人们能够使用智能手机来回转账。Braintree和其他支付网关使购物比以前更加容易，不用碰现金甚至不用碰信用卡。像贷款俱乐部和Kabbage这样的点对点贷款机构以更低的利率向更多人提供更好、更快的贷款，让他们有机会再融资并改善自己的状况。由于有了Mint.com和明白钱等这样的个人理财网站，以及Yodlee设计的应用程序接口，人们现在可以更清晰地看到所有账户的资金往来情况，而他们也因此可以减少不必要的支出并改变消费习惯。像Betterment和Robinhood这样的投资应用程序则表明，所有人，不仅仅是富人，都有可能从市场中赚钱。Green Dot等贴牌银行服务提供商找到了一种方法，使其银行服务完全不同于其品牌——因此，这些服务可以授权给任何品牌，让银行扮演幕后基础设施的角色。

这十年给人们与金融生活各个方面的互动——及思考方式——带来了巨大的变化。

在这十年的创新和发展过程中，西方世界的银行一直都在干什么？他们去哪里了？他们是怎么让这一切发生的？

如何回答这些问题取决于你试图讲述什么样的故事，因为自2008年以来，金融科技的发展历史有两个相互矛盾的版本。在第一个版本中，一群来自银行业之外的乌合之众——富有洞察力、顽强坚韧、桀骜不驯，最重要的是思维敏捷——能够看到正在发生的变化：经济危机、智能手机的兴起以及人们对银行业和科技态度的变化交织在一起，创造出独特的金融创新机会。与此同时，现有西方世界的银行过于笨拙、目光短浅、思维过于僵化，将太多的资金投在旧的商业模式中。它们无法适应新的环境，现在，就像恐龙和渡渡鸟一样，面临着灭绝的危险。

大部分情况下，这是金融科技将要告诉你的故事版本。

然而，这并故事的非唯一版本。了解发生变化的另一种方式就是想一想银行所做的正确事情。

在金融危机后的十年里，他们清理门户，修复了资产负债表，摆脱了不必要的债务——而且他们还一直在等待。他们等待时机，观察金融科技行业的崛起，衡量其价值，评估其风险，在安全距离内从各种错误中吸取教训，而现在——就在现在，他们相信条件已经具备，幸存的公司经过严酷的考验已经成熟——他们进入了这个领域，决定与谁合作，与谁竞争。毕竟，这不正是银行应该做的事情吗？

那么——这个故事的哪个版本是正确的呢？是银行谨慎地等待机会，还是之前被打了个措手不及，如今开始奋起直追呢？

如果你是一家银行，你更愿意讲述哪个版本的故事？

传统智慧告诉我们，银行里人才济济，他们有很强的购买力，他们有很大的动力去超越任何潜在的竞争对手。他们还花费大量资金开发他们认为将提高其竞争优势的技术。

那么，发生了什么情况？

为什么这些银行从一开始就没有与金融科技展开正面竞争？

要回答这个问题，不妨回头看一下。经济往往围绕着大约十年这个周期在运行。在雷曼兄弟倒闭十年前，世界经济正面临着互联网泡沫的终结。当这个泡沫在2000年破灭时，科技公司损失惨重，人们对硅谷的信心也随之崩溃。在危机中幸存下来的公司需要紧缩开支、削减成本、弥补创伤，并找到恢复盈利的途径。

根据加特纳研究与咨询公司（Gartner）的"炒作周期"模型，他们深陷"幻灭之谷"，挣扎着生存足够长的时间，然后开始攀登"顿悟的斜坡"。[2]

换句话说，他们没有扩张或创新的精神。

当网络公司的钱蒸发后，许多可能在硅谷工作的、聪明的、有创造力的人转而去了华尔街，并开始在那里进行创新。

只不过，他们的创新不是为了消费者。

人们想要在华尔街得到的工作以及高薪的工作，不是在银行业务的存款领域，而是在交易和投资领域。这是银行吸引优秀人才的地方，也是他们集中创新的地方。他们将创造力、脑力和金钱投入到算法交易中，这种算法交易可以以计算机的速度执行大规模交易，与其他银行竞争，推出最低延迟的软件——在一次交易中减少几分之一秒的时间，从而最先完成交易。

此外，他们通过创造新的金融产品进行创新。人们很容易忘记的是，金融产品也是发明，从某种意义上说，它们是技术创新：即使是最简单的金融工具，比如股票和债券，也是利用数学和经济学知识构建的一种能够存储价值的产品。

在21世纪的第一个十年里，这些产品的创造者——像布莱斯·马斯特斯这样的人——利用他们的聪明才智发明了越来越有利可图的衍生产品，如信用违约掉期，为银行提供了管理流动性和风险的新方法。这些新产品的影响改变了华尔街——并使其充满了新的财富。

当华尔街在21世纪初谈论"创新"时，这就是他们想表达的。

然后，在一瞬间——漫长的熊市来临之际——创新变成了一个肮脏的词：灾难的同义词。银行——就像十年前的科技公司一样——面临着巨大的系统性问题。他们争先恐后地削减成本，满足新的监管要求，重建被摧毁的市值。他们没有考虑创新，他们在考虑如何生存。

在这种环境下，过去十年来一直在华尔街追逐高薪的、聪明的、有创造力的人发现，他们应用技能的最佳机会在别处——主要在硅谷。因此，他们退出了银行业。

真是神奇的翻转。

特别是在危机后的最初几年，银行没有能力进行创新，而金融科技公司也没有给他们带来不可抗拒的压力。它们太小，太新，太微不足道。对于科技初创企业而言，贷款俱乐部发放的贷款或Betterment管理的资产的美元金额，其规模意味着一家公司的生死。但从银行的角度来看，这只能算是零花钱。

然而，随着时间的推移，金融科技的市场份额越来越大，银行也开始注意到这一点。

首先，金融科技公司的规模已经扩大到对一些银行业务领域构成实质性威胁的程度。多年来，初创公司一直秉持着硅谷"先普及，后盈利"的战略——即使亏损经营，也要尽快构建起自己的用户基础，以期最终纯粹的用户数量将成为他们获得收入的途径。这一策略导致Venmo为了建立自己的社交网络承担了每一笔金融交易的成本，只要有人通过该应用程序转账，它都会赔钱——但这一策略收到了回报，因为在Braintree和贝宝看来，正是这个社交网络才让Venmo具有了价值。

当Braintree收购Venmo时，该应用程序拥有3000名用户——一个对银行没有特别威胁的、微不足道的数字。但当它融入Braintree之后，该网络以数量级的速度增长，然后当它与贝宝整合时，又以指数级的速度增长。突然之间，这个"微不足道"的网络已经太大，银行已经无法忽视。该应用程序——似乎不知从何而来——突然之间无处不在，银行发现自己已经处在需要艰难追赶的地位。

其他金融科技公司也遵循类似的轨迹，缓慢增长，直到规模经济让它们突然变得无处不在。因为金融科技公司关注的资金额比大银行要小，所以规模很重要。一个只与高净值个人打交道的理财经理可能会认为与其他人打交道是在浪费时间。但随着财富在越来越少的人中巩固，理财经理的潜在客户群也在不断地缩小，而此时，金融科技公司赢得了所有客户的忠诚。当三百或三千个人从银行提取存款并将其资金投入Betterment、Acorns或Chime中时，其总额在银行持有的资产中所占比例很小，银行没有注意或者特别关心这件事。但是，随着这些应用程序用户的不断增加，数量达到30万时，这一举动突然变得更加引人瞩目——确切地说，它仍然没有造成足够的收入损失而让银行感受到威胁，但它肯定足以引起银行的关注。[3]

当然，到那时，银行想要拉回客户可能已经太晚了。

是的，银行的客户一直在向金融科技公司流失，有时其数量足以对银行构成重大威胁。不仅如此，他们还失去了别的东西，致使其面临更大的危险。

他们一直在失去对公众舆论的操控。

在金融危机之前，银行是一个十分值得信赖的机构。银行有兴衰沉浮，也有丑闻和危机（20世纪80年代末和90年代初的储蓄和贷款危机就是十年经济兴衰周期的又一次低潮）。尽管如此，银行依然是处于我们金融生活核心的单一机构：如果你想开一个储蓄账户，开一张支票，办一张信用卡，申请抵押贷款、商业贷款或汽车贷款，购买外币或建立一个投资账户，银行不仅仅是你想去的第一个地方，在很多情况下，这也是你唯一能去的地方。

第一次在银行存款是一种成年仪式，这一仪式长期以来被我们的文化所铭记，也被电影《欢乐满人间》（Mary Poppins）里富达信托银行（Fidelity Fiduciary Bank）的老银行家达韦斯先生（Mr.

Dawes）所铭记。他高兴地告诉孩子们："随着你富裕程度的提高，你会获得那种征服感！"别介意，孩子们没有采纳他的建议。[4]

危机过后，金融科技公司获得了越来越多的关注，在西方世界，银行至高无上的地位受到了威胁，并一点一点地被粉碎。

金融科技公司对这些银行的松绑——将银行的某些服务如贷款、支付或投资剥离出来，并为其提供独立的应用程序——这让人们对银行最初对这些服务进行捆绑的做法产生了质疑。银行长期以来一直是消费金融的"瑞士军刀"：它们为每种场合都提供了一种工具。某种程度上来说，将所有这些工具放在一个屋檐下是很方便的：这样，客户总是知道到哪里去满足他们的各种业务需求。

在一个便利的地方放一个开瓶器和一个锯片的确很方便。但事实是，很少有人同时需要开瓶器和锯子——而且，瑞士军刀上既没有最好的开瓶器也没有最好的锯子。独立的、单一用途的工具能够更好地完成单项任务——金融科技公司认为，这一观点不仅适用于银行业，同样也适用于其他任何行业。

在美国，银行也在以一千种更小的方式失去对局势的控制。一旦人们发现使用Venmo转账竟然如此便捷的时候，那么开支票这件烦人的小事就会突然变得令人难以忍受。Robinhood刚刚开始提供免费股票交易，人们便认为股票交易可以免费——这是以前任何人都没有想到过的，然后，当意识到股票交易可以免费时，客户要求股票交易应该免费。Robinhood向人们揭示这样的事实：股票经纪人一直在收取不必要的费用，一旦人们了解了这一点，他们便无法再忍受这种做法。免费极具吸引力。一旦消费者认为某项服务应该是免费的，那么想要说服他们回到从前将十分困难。很快，为了与Robinhood本身及其引入的理念竞争，这些经纪人别无选择，只能竞相将其佣金归零——尽管这意味着他们要改变自己的商业模式。

一个应用程序接一个应用程序，一个领域接一个领域，美国的金融科技公司将已经被神化的银行话语权撕得粉碎。没错，金融科技公司在银行市场份额中所占的份额越来越大，但更重要的是，他们赢得了美国民众的心。

最终，不可避免的是：银行必须做出反应。

他们要么创新，要么死亡。

"**对于那些**梦想着在零售银行业获得激动人心的未来体验的美国人来说，汇丰银行和软银机器人公司正在使这一未来距离我们更近。"[5]

汇丰银行是欧洲最大的银行，也是世界第七大银行，但它在美国的业务规模相对较小：229家分行，其中绝大多数在纽约。2018年6月，该行在纽约第五大道的美国旗舰店增加了一名新员工：派博（Pepper），一个人形机器人。

"从今天开始，汇丰银行成为美国第一家将软银机器人公司的人形机器人——派博——引入零售银行业务的金融机构。"[6]

派博是一个高约1.2米的机器人，有一双黑色的动漫风格的大眼睛，一双可以随意舞动的手，胸前有一块触摸屏，还有一只脚——或者叫鳍？——看上去像是介于美人鱼尾巴和真空吸尘器之间的东西。

当你走近时，派博会说："我能帮你什么忙吗？"派博会说话，并且有相当好的语音识别能力，它胸前的触摸屏可以提供更多信息，告诉你他会为你提供什么样的帮助。事实证明，派博擅长向您展示银行目前正在推广的产品，甚至可以通过电子邮件或短信向你发送更多的信息。它可以为你播放一个关于如何使用银行智能手机应用程序的教程，还可以通过定位器，帮助你找到附近的自动柜员机（不过，由于机器人在银行网点里面，最近的自动柜员机可能就在你旁边）。

哦，它还会跳舞。派博喜欢跳舞。"真有趣！"机器人跳完舞后会说，"你想再看一次吗？"

但是，如果你想核查余额、转账、申请信用卡，或者使用它试图向你兜售的任何产品——也就是说，无论你想办理什么样的银行业务——派博都将不得不为你叫来一位真正的银行柜员了。

汇丰银行创新主管杰里米·巴尔金（Jeremy Balkin）表示，该行引入派博旨在"革新零售银行业务客户体验"——这是被该行称之为"未来分行"计划的一个组成部分。[7]

"通过使用数据智能和尖端机器人技术，创造一种革命性的新型数字化增强零售银行体验，"他说，"汇丰正在将客户到网点办理日常业务的过程转变成与众不同的体验。"[8]

他还坦率地承认了机器人的局限性。"对于复杂的个人交易，比如，你来到一家银行网点，希望在一个安全的房间里与你自己的私人顾问进行私下交流，"他说。"那么，你不会在机器人身上做这些事情。"[9]

可以这样理解：银行"革命性"创新的核心实际上并非让你自己处理银行业务。

"派博将等待时间减少了75%，例如，他会告诉人们可以使用自动取款机来存支票，"他解释道，"而不必非要等着到柜台办理这项业务。"[10]

公平地说，汇丰银行在技术方面的投资不仅限于机器人派博。该公司新任首席执行官约翰·弗林特（John Flint）刚刚承诺拿出170亿美元用于新技术投资。

派博只是汇丰银行科技创新的一个象征，因为该银行本应该从过去十年金融科技中学到的很多东西——比如，如何提供始终在线的移动端服务、无网点银行业务，或者如何使用个性化数据进行智能、定制的产品推荐等——它似乎都错过了。相反地，汇丰银行上演了一场只能称之为创新的戏剧，这是一场华丽的歌舞表演，（表面上）给人一种汇丰银行处于技术前沿的感觉，但潜在体验的实质却没有改变。

每年，美国的银行都会向其技术预算投入至少数十亿美元：2018年，摩根大通投资了114亿美元，美国银行投资了100亿美元，花旗集团投资了80亿美元，北美的各家银行总共在技术上投资了1040亿美元。[11]

然而，投入与创新并不能画等号。

如果银行不能从金融科技中吸取有益的教训，那么硅谷肯定会来吃掉他们的午餐。

"不幸的是，"亚当·戴尔说，"在这些银行中，没有人不知道他们正在欺骗消费者，为他们提供的价值微乎其微。"

仅仅因为他们知道他们正在做什么并不意味着他们会停止那样做。"对于成瘾者来说，他们也知道自己未来的命运，"他补充道，"但是他们不会停止，因为他们已经上瘾了。"根据亚当的说法，银行已经沉迷于通过向客户滥收费用来获得收入。"支付花旗董事总经理的奖金直接来自其消费者客户的口袋——因此，银行想要摆脱这种令人上瘾的收费结构非常、非常、非常困难。"

战胜成瘾的第一步是承认自己有问题。

"在美国，只有两种类型的银行……完蛋了的银行和不知道自己完蛋了的银行。"[12]

是创新还是死亡

"在美国，只有两种类型的银行……完蛋了的银行和不知道自己完蛋了的银行。"

第一种银行将上演创新剧目，以分散人们对其垂死商业模式的注意力。

第二种将尽其所能进行创新。

亚当的职业专长就是预测趋势，并提前到达那里，他于2018年加入高盛，因为他相信高盛正是这样做的。

2014年，奥马尔·伊斯梅尔（Omer Ismail）的老板拍了拍他的肩膀，问他是否会考虑开办一家银行。这是一个不同寻常的建议，尤其是因为奥马尔和他的老板已经在一家银行工作。此外，他们供职的银行亦非无名之辈，而是世界上最大、最受尊敬的银行之一：高盛。

尽管高盛的地位很高且历史悠久（该行刚刚举行了庆祝其成立150周年的纪念活动），但我们可能会惊讶地发现，在其大部分岁月里，高盛根本就不是一家银行。它一直是一家投资银行，里面当然有"银行"这个词，但在实践中，其业务与传统商业银行截然不同。投资银行扮演中间人的角色，从事客户公司股票和债券的交易工作。一般来说，这些活动只会间接影响消费者和公众的福祉，因此投资银行不会受到与商业银行相同的审查和消费者保护。

或者，更确切地说，它们不是（过去时）银行。2008年，人们发现了投资银行影响消费者和公众福祉的昂贵的扩张方式。投资银行在抵押贷款衍生品上进行的高风险赌博使许多普通人失去了退休储蓄和住房。

雷曼兄弟倒闭后，政府同意介入拯救投资银行——但条件是这些银行必须改变其法律地位，改为"银行控股公司"——一个通常为从事商业银行业务的公司设定的名称。成为银行控股公司将使投资银行能够获得美国联邦政府划拨的问题资产救助计划资金和其他紧急贷款，但也意味着它们将受到与商业银行同样严格的资本要求和监管。

尽管有些勉强，但高盛（还有摩根士丹利和美国运通）都进行了这样的转变。高盛首席执行官劳埃德·布兰克费恩（Lloyd Blankfein）当时在一份措辞谨慎的声明中表示："尽管市场情绪加速了我们同意接受美联储监管的决定，但我们认识到，这样的监管为其成员提供了全面的审慎监督，并使其获得永久流动性和资金。"[13]

不管怎么样，到2008年年底，高盛已经是一家银行了。

但这并不意味着它会表现得像一个银行。2008年，高盛的处境与其竞争对手截然不同。摩根大通、花旗集团、美国银行和富国银行都是令人望而生畏的投资银行——但每一家银行在消费银行业都已经有了一个成熟的业务：他们有分行、基础设施、品牌知名度，最重要的是，他们有客户，其源源不断的存款和贷款还款为银行提供了可靠的资本储备。

另外，高盛从未有过商业银行业务——它从未面向消费者——美联储也没有要求高盛现在就开始。将其命名为银行控股公司是监管机构在危机期间进行纾困和监管的快捷方式，但没人料到高盛会突然开始新的业务，开设银行分行，招揽新的消费客户。高盛是一家严格、正式意义上的"银行"了。

"在银行转型的最初五六年时间里，"奥马尔回忆道，"我们真的是以第三人称谈论银行，比如'该行'。我们认为它是一个法律实体。此外，它还提供了必要的法律合规基础设施。在最初的几年里，关于我们是否会永远成为一家银行的问题，内部进行了相当多的辩论。我们会去银行化吗？这些都是高盛正在进行的内部对话。"

"但我们并没有真正将商业银行部视为促进增长的战略途径或战略资产。"

奥马尔的整个职业生涯都在高盛度过。在转入高盛的这个商业银行部之前，他一直是一位投资银行家。在高盛，商业银行部从事的是私募股权投资业务——寻找有前景的公司并对其进行投资，当公司成长时，高盛及其客户可以出售其股份并从这些投资中获得回报。

这份工作需要具有一双慧眼、良好的直觉以及准确判断一家公司是否值得投资的能力。一般来说，高盛的商业银行家倾向专注于某一特定行业——比如媒体、医疗保健或金融服务等——获得精准的专业知识，并依靠这些专业知识来判断在哪里投资或者不在哪里投资。但他的职业生涯，奥马尔说，是非典型的。"我选择不专注于某一个特定行业，而是专注于那些更具挑战特性、更多基于技术和更具增长潜力的行业。"

他工作出色，荣升为商业银行部的常务董事。

2014年，奥马尔和他的老板、商业银行部创始人里奇·弗里德曼（Rich Friedman）开始大声质疑"银行"是否只是一个监管部门给定的称谓。里奇要求奥马尔在当年余下的时间里进行调查研究，看看高盛是否可能在商业银行业里面找到一些机会。

如果高盛要成为一家银行，那么他们就应该尽力将其做到极致。

但从哪里开始呢？

商业银行部将所有时间都花在对公司的研究上，看看什么行得通，什么行不通——这些年来，他们清楚地看到了一件事，那就是关于商业银行业务，有很多事情是行不通的。

"我们一直在观察的事情之一……是金融科技领域发生的事情，"奥马尔说，"在美国，我们看到了传统银行体系是多么的不堪，消费者的痛点是多么的大。我们还看到客户越来越愿意使用数字应用程序和数字工具，越来越愿意使用数字方式来满足他们的银行业务需求。"

奥马尔意识到，高盛可能具有创建21世纪银行的独特优势。该公司拥有庞大的资产负债表和对金融系统的深刻理解。但与竞争对手不同的是，高盛没有受到任何过时基础设施的束缚：它没有需要每月支付租金的分支机构网络，没有难以使用和难以更新的旧的核心银行软件，它没有为过时的商业模式提供动力的旧组织结构图，没有在金融危机期间感到自己的资产被蒸发或被出卖的客户。如果高盛进入商业银行领域，那么它将可以从头开始，自由地建立最好的银行业务模式——不是过去的老模样，而是它应该有的样子。

这是他们应该做的吗？商业银行业务将与高盛正在做或曾经做过的所有其他业务截然不同。这将意味着他们需要开发新的工具和新的流程，聘用新的员工，以一种完全不同的方式为客户服务——构建一种全新的文化。

为了让它值得一做，奥马尔知道他需要找到一个真正的价值主张：客户未满足的需求是什么？高盛的竞争优势是什么？一家高盛商业银行将如何为了做别人没有做过的事情而将两者结合在一起呢？

他对金融科技进行了多年的研究，并从中意识到他需要创造的最重要的东西不是技术，而是信任。"谈到金融科技，人们常常对这项技术感到兴奋，或者对人工智能、机器学习、云计算或弹性计算感到兴奋，"奥马尔说，"在我们看来，所有这些都是解决客户痛点、为客户提供价值并以简单易用的方式来实现的赋能手段。"

解决真正的问题

"谈到金融科技，人们常常对这项技术感到兴奋，或者对人工智能、机器学习、云计算或弹性计算感到兴奋。在我们看来，所有这些都是解决客户痛点、为客户提供价值并以简单易用的方式来实现的赋能手段。"

那么痛点是什么呢？

"我们已经和超过十万的消费者或潜在消费者谈过他们的痛点和他们需要什么，"奥马尔说，"如果让我用一个词来形容美国金融服务业的普通消费者，那就是不知所措。人们感到完全无法控制自己的金融生活，无法理解自己的选择是什么。"

高盛新成立的商业银行可能会改变这一局面。"我们可以创造能够给消费者带来价值的体验和实际的产品，并以简单透明的方式来实现。"

高盛可以提供的比任何人都更好的价值主张是，运用多年的专业知识帮助普通人获得财务福祉。

奥马尔利用他过去五年从金融科技中学到的一切，起草了一份关于一种新型银行的提案，而这家银行的真正目的是帮助人们改善生活。这家新银行将没有分行；它将全部提供在线服务。它的界面清晰易用，不会有隐藏的费用。如果客户需要借款，银行将帮助该客户偿还债务。如果客户想储蓄，银行将提供公平的回报率。[14]

布兰克费恩和董事会批准了这项努力，奥马尔的提议成了数字消费金融服务平台马库斯（Marcus）的蓝图，该公司第一次涉足商业银行业务。

设计蓝图是一回事，从头开始建设一家银行是另一回事。这不是一家普普通通的银行，而是一家高盛银行。

"如果我们把这当作一项私人股本投资，"奥马尔说，"我们会把四个人关进车库，给他们1000万美元，让他们试着解决问题。"如果你是一个试图从头开始建立银行的金融科技公司，你会用敏捷的方式思考：从小做起，每一步都要学习，做出调整，然后成长。

但如果你是高盛，从小处着手是不可能的。与一般的金融科技初创公司相比，高盛有很多（很多，很多）优势，但还有一个劣势，就是高盛受到高度审查。无论公司选择做什么——不管是对还是错——都会引起媒体的广泛关注。因此，事情必须做好。

2016年4月，高盛推出了一个由美国联邦存款保险公司担保的在线储蓄账户，其回报率比其竞争对手高出1%。开户的最低存款额是1美元——"略低于"高盛对其财富管理客户的1000万美元要求。

同年10月，马库斯开始提供上限高达3万美元的个人贷款，不仅与其他银行直接竞争，还与借贷俱乐部等金融科技公司直接竞争。

诚如奥马尔所愿，该银行对这些贷款不收取任何费用——不向借款人收取任何手续费，不收取任何提前还款费，甚至不收取任何滞纳金。

从那时起，高盛进行了一系列收购，以完善马库斯的产品线。他们收购一家名为Bond Street的小型企业贷款机构，一家名为Final的信用卡初创公司，然后，当然，他们还收购了明白钱和亚当·戴尔的个人财务管理软件，马库斯打算将其"仪表盘"集成为客户体验的核心。

在构建马库斯的过程中，高盛就像仔细浏览金融科技公司的专项银行服务"菜单"一样，随后，他们将这些"菜品"以更优化、更精简的方式整合到他们的服务中。如果你想为21世纪设计一家商业银行，你将很难比马库斯做得更好。"我们的优势在于我们是一家拥有150年经验的初创公司，"奥马尔说，"作为一家银行，我们拥有的全部都是优势，而没有任何遗留问题。"

这并不是说传统银行不想参与竞争。许多银行已经开始提供更多的网上银行服务，如移动支票存款，以节省客户前往银行网点的时间。然而，他们愿意削弱自己商业模式的行动是有限度的。"尽管你开立一个储蓄账户非常容易，但他们不会给你提供2.25%的存款利率。"奥马尔谈到他的竞争对手时说，"因为他们不想自己蚕食自己的支票账户。而且他们不会像明白钱那样，为你提供一种开放的体系结构来购买其他产品。"因为银行在让人们持续使用他们已经拥有的同样昂贵的产品方面投入了太多的资金。

这就是金融科技的未来吗？"不知道自己完蛋了的银行"将慢慢变得无关紧要，而"知道自己完蛋了的银行"将购买或复制金融科技初创公司的最佳创新。

某种程度上来说，这些事情正在发生。Zelle支付应用程序是由一个银行财团设计的，它被认为是Venmo杀手。全球最大的财富管理公司之一富达投资（Fidelity Investments）发布了自己的机器人顾问Fidelity Go，该顾问收取0.35%的手续费，与Betterment一样没有最低存款限额。在谴责比特币之后，摩根大通正在开发自己的加密货币"摩根大通币"，以促进资金转移。通过马库斯，高盛已经发放了40多亿美元的贷款。

发生的远不止这些。

布莱斯·马斯特斯暗示这是不可避免的。"让金融科技有所作为的不只是技术，"她说，"事实上，主要的参与者都集中在别的地方。原则上来说，没有理由可以解释，为什么现有的公司不能使用相同的技术和方法来提高其业务效率。因此，金融科技革命的下一个阶段，如果你这么说的话，就是谁将赢得这场比赛，人们所做的基本上是利用金融科技革命的工具来改善他们的业务，并加固保护其业务的壁垒。"

既然大银行终于注意到了金融科技，那么对推动这场革命的新兴公司来说，这似乎是一种生存威胁——对一些金融科技公司来说的确是一种威胁。全球有一万多家金融科技初创公司：这场革命几乎正在达到其"炒作周期"的顶峰；最底层的果实已经被摘下，风险投资的资金也开始枯竭。这些公司中有相当一部分将无法在金融科技泡沫不可避免的破灭中生存下来。

但随着风险投资资金的消失，银行的资金开始涌入——因为，对于银行来说，收购或与金融科技公司合作通常比从头开始仿造一个解决方案更好。

而对许多金融科技公司来说，这些银行合作来得正是时候。多年来，金融科技公司在监管机构的关注下蓬勃发展——但许多公司现在正面临法律困境。他们的规模已经达到了监管人员无法再忽视的程度。如果他们想自己继续发展，那么就需要获得银行执照，还要接受监管。

否则，他们就必须选择与（或者出售给）一家在监管方面拥有丰富经验的公司合作，该公司在过去十年中刚刚学会如何以最有效的方式与监管机构合作，并且已经拥有银行牌照（因此可称之为银行）。

在适当的时间，与适当的银行建立适当的伙伴关系，可以使金融科技公司免于停滞，也可以为其合作银行带来同样的利好。

杰米·戴蒙曾警告说，金融科技公司将吃掉银行的午餐，但他的前同事布莱斯·马斯特斯认为："我们可以说，金融科技公司正在吃大银行的午餐，但也必须承认它们也正在让这些大银行变得更好。"

无论如何，布莱斯说，我们不能只关注谁将在银行与金融科

技公司的战斗中获胜,而忽略了接下来发生的事情的真正意义:

"大型银行并不太担心Lending Tree或SoFi对它们造成的影响。他们担心的是苹果、亚马逊、脸书和谷歌这样的公司。他们担心,如果苹果、亚马逊、脸书或谷歌真的在以其现有网络为基础构建自己的金融生态系统方面取得了重大进展,那会怎样。"

他们有理由担心。大型科技企业即将进场,银行家们——至少那些"知道自己完蛋了"的银行家们——知道这一点。

谁将从过去十年的金融科技革命中吸取最好的教训?金融服务创新不只是苹果和苹果应用程序商店、高速下载以及24小时在线客服。它们也是新的思维——优先考虑透明度、准入的民主化、以客户为中心的顺畅用户体验以及对品牌在体验中的作用的不断理解。没有回头路了。不过,谁将带领我们前进?这一点还有待观察。

玛格丽特 · 基恩

"我知道这听起来很傻,但这家公司是从创新开始的。"

玛格丽特 · 基恩(Margaret Keane)正在谈论的是她价值240亿美元的银行Synchrony,她是该行的首席执行官,她说这听起来很"傻"的原因是,在2014年之前,Synchrony是美国最大、最古老、最稳健的金融机构之一的通用电气金融服务公司(GE Capital)的一部分。

它有价值吗?是的。它强大吗?是的。但它创新吗?

"想想大萧条时期吧," 她说, "这家公司是靠卖电器起家的。"

还记得托马斯·爱迪生1876年在新泽西州门罗公园开设的小实验室吗？到1932年，这个实验室变成了通用电气公司，其业务不再局限于电报，它已经变成了一个电力公司、一个广播公司，甚至是电视领域的先驱。但该公司的主要业务之一是电器，它销售吸尘器、咖啡机、华夫饼机以及几乎所有其他类型的家用电器。

接着，大萧条来了，摧毁了五分之一的美国工作岗位，同时也摧毁了通用电气的大部分市场：即使人们想，即使人们需要，但没有钱，他们也无法购买家用电器。人们不买电器，他们的用电量就会减少。通用电气的所有业务都陷入了严重的困境。

然后，玛格丽特说："有人突发奇想——'嘿，我们为什么不为他们提供资助呢？'"

通用电气创建了一个新的业务部门——通用电气金融服务公司——借钱给人们用来购买他们需要的电器。"他们每周支付五美元，直到他们支付完冰箱、炉子或其他任何东西的费用。那时候人们就是这样买电器的。"

消费者融资和信贷现在已经相当普遍，因此人们很容易忘记，它们是技术创新——是为了让资金即时流动而进行的创新。"当时，"玛格丽特说，"这极具创新意义。"

玛格丽特——1996年加入通用电气金融服务公司，2011年晋升为负责该公司北美零售金融业务的首席执行官——喜欢提醒人们注意Synchrony的起源，她说："如果我们要成为一家还能生存80年的金融服务公司，那么我们就必须站在科技创新的最前沿。"

2008年的金融危机巩固了她的这一观点。"在这场危机中，有一件事让我感到震惊，那就是它的发展速度。"对她的公司来说，要在这场危机中生存下来，以及在之后的任何危机中生存下来，它都必须学会快速发展。

于是，她去了硅谷，研究科技公司的运作方式。

"我永远不会忘记，"她说，"我去了Splunk，该公司现在已经是一家大公司。我很震惊。他们到处都是桌子。在我看来，那里太乱了。我立刻想像妈妈一样进去收拾一下。"

但她观察了这些团队的合作方式，和他们谈论了他们的工作方法，尔后开始意识到她通用电气金融服务公司的团队结构整体上都十分落后。那是自上而下、重规则、轻授权的结构。"我们没有利用好我们团队的价值，"她说，"我们把孩子们禁锢在小隔间里，告诉他们不能戴耳机。你知道我的意思吗？这就是我们在通用电气金融服务公司的运作方式。"

她在硅谷看到的恰恰相反。"他们以团队形式工作。他们跨职能部门工作。他们能够很快让最擅长表达的孩子做演示，让工程师做工程。他们能够快速地进行技能评估，而且行动要比我们快得多。"

她想把这种文化带回通用电气金融服务公司。"我拉了两个人过来，我说：'我们需要这样做。我们需要创造一种完全不同的技术和创新方式。'"

这是Synchrony称之为"创新站"的发端。

从一开始起，创新站的做法就与通用电气金融服务公司其他部门的做法有所不同。首先，它由一个跨职能团队组成，不仅包括技术专家，还包括来自营销、信贷和合规部门的人员。公司内部的所有观点都是受欢迎的，都是需要的，都是有利于团队工作的。

> **▶ 敏捷**
>
> "他们以团队形式工作。他们跨职能部门工作。他们能够很快让最擅长表达的孩子做演示，让工程师做工程。他们能够快速地进行技能评估，而且行动要比我们快得多。"

其次，团队专注于"登月计划"级别的任务——不受公司日常运营细节影响的重大目标。"我们是与通用电气合作的，"玛格丽特说，"因此我们的官僚程序限制了创新。"每一分钱都需要从盈利的角度加以说明和证明。"所以，我们做了一件当时闻所未闻的事——我们给了（这个团队）一个预算，并说：'你们自己决定怎么花这笔钱。'当然，这笔预算并非数亿美元，但不管怎样，我们告诉他们，这是你们的预算。去干吧。"

他们用这笔预算去做的事情就是创新。Synchrony最大的业务是"自有品牌"信用卡：该公司为包括劳氏（Lowe's）、雪佛龙（Chevron）和盖璞（GAP）在内的公司所提供的商家联名信用卡提供后端银行基础设施——创新站团队成员将全部精力放在了被他们视为其新兴业务关键部分的移动业务上。该团队制作了原型，然后开发了专有技术，允许购物者通过智能手机申请信用卡、支付账单以及维护账户。

现在，这听上去也许不是特别有创意，这很大程度上是因为

Synchrony技术先行的战略。

Synchrony是如何看到其他银行看不到的东西的？它是如何在其他银行落后的情况下进行创新的？

"这跟筒仓有关。"玛格丽特说——大型企业组织中的人员对自己的任务和部门进行狭隘思考的倾向。在银行里，摆脱这种想法尤其困难。"我们受到高度的监管，每五分钟就有人盯着我们看。从法规遵从性的角度来看，我们需要这样做。我们总是想做一些打打钩的工作，从法规遵从性的角度来看，我们需要这样做。但是，"她说，"要想在今天与他人竞争，你需要建立一家具有整体企业思维的公司。我不会说我们已经做到了。我们正在变得更好，每天都在改进，但我们还没有真正做到。"

后记

**科技巨头们的
展望**

在去朋友聚会的路上，你的智能手机收到一条新信息："你能买些零食吗？"

"当然可以。"你回复道。

无须退出该即时通信服务应用程序，你就可以查看附近哪些杂货店获得了客户的好评，然后点击一个按钮，叫一辆网约车到其中的一家杂货店去买零食。在车上，你不和司机闲聊，而是抓紧时间完成一些事情：支付电费，预约牙科检查，订购一些新鞋送到家里，甚至挤出时间玩了一个快速的视频游戏——这一切都是在不离开同一个即时通信服务应用程序的情况下完成的。

在商店里，你还买了一些酒，因为该应用程序连接着你的身份证，所以它可以自动验证你的年龄。买食品的钱直接从你的银行账户中扣除——而过了一会儿，你的朋友又把钱返还给了你，还在社交媒体上发布了一条信息，称你是她的"英雄"。作为回应，你上传了一张在商店里的自拍照。然后，你注意到你的健身程序提示说你今天还没有走很多步，因此你决定步行走完剩下的路去参加朋友的聚会。她会把聚会的位置发给你，然后这个位置会在你的地图上弹出。"五分钟后见！"你告诉她。

你使用了一个被称为"微信"的应用程序完成了所有这一切①。

---

① 上文提到的健身程序实际上就是微信运动。——编者注

微信不是未来主义者为想象中的科幻未来世界而设计的假想软件。该应用程序是真实存在的——现在，今天——每天有超过10亿的用户在使用。

事实证明，要想展望未来，你只需看看今天的中国。

创建微信的腾讯公司于1998年开始提供聊天和QQ空间服务。现在它是世界上最大的科技公司之一，每天处理超过10亿笔付款。这就好像是早期的即时通信工具ICQ已经超越并取代了万事达卡。微信不是银行，这是一个以表情符号、网络贴图和电子游戏而闻名的平台。那么，它是如何将自己置于世界重要经济体之一的商业核心的呢？

答案很简单：微信有很多用户。

微信在中国无处不在——全中国超过79%的智能手机用户都在使用它——然而，更重要的是，凡是有人购物的地方就有微信。无论是在线上买东西还是在线下买东西，你都只需轻触按键，微信就会为你处理这笔交易。

银行可能有资金和移动资金的基础设施，但微信显然拥有商业等式中更强大的部分：有购物意愿的人。

在西方，实际上，我们对世界的体验现在是通过四家公司实现的：谷歌、苹果、脸书和亚马逊。谷歌前首席执行官埃里克·施密特（Eric Schmidt）曾经称之为科技四巨头，而其他人则将其称为"大型科技企业"（Big Tech），现在它们几乎对所有的事情都产生了巨大的影响[1]。

大型科技企业有多大？很大。美国一半的电子商务是通过亚马逊进行的，谷歌和脸书控制着超过一半的数字广告收入，而美国智能手机市场的一半属于苹果公司——该公司每天的收入大约相当于2500户美国普通家庭一年的收入，是埃克森美孚公司（ExxonMobil）收入的三倍[2]。四大科技公司的总估值超过2.5万亿美元——大致相当于英国的国内生产总值。

然而，虽然这些数字令人震惊，但仍然无法描述大型科技企业对银行业的生存构成的实质性威胁。

从表面上看，科技四巨头似乎经营着截然不同的业务：谷歌是我们学习的地方；脸书是我们联系朋友的地方；亚马逊是我们购物的地方；苹果则把手机和应用程序放进我们的口袋。

不过，这四家公司的共同点（除了那些财富之外）是，他们各自都有一个庞大的、由忠实用户组成网络，他们在这些平台上各取所需。

这就是——微信向我们展示的——一个强大组合。

"我绝对相信，像亚马逊、苹果、谷歌等平台公司将为其客户提供金融服务，"亚当·戴尔说，"作为与现有客户建立心灵共享、钱包共享以及密切关系的一种方式。他们为什么不那样做呢？"

舒克辛德·辛格在创建Yodlee之前曾在亚马逊工作，后来又担任谷歌亚洲地区运营副总裁，她对此表示赞同。

与微信一样，美国的科技四巨头在可能的销售节点直接与客户产生交互——因此，当客户决定购物时，如果他们没有通过银行而是决定自己处理付款，那会怎样？当客户想使用信用卡或者贷款付款时，如果他们没把此人推给银行或者信用卡公司，而是

直接借款给客户，那会怎么样？ ³

　　这使得四巨头准备以一种主要的方式——仅仅在消费者层面——颠覆贷款市场。对于消费者可能希望在其中一个平台上进行的每一次购物活动，都会有一个供应商为其提供服务——而该供应商也会有银行业务需求，有时需要信用额度或者小企业贷款。

　　"如果你是一个商人，"辛格说，"亚马逊为你提供活动资金或贷款，使你能够向前发展并赢得更好的供应商——这会给你带来更多的供应，更多的独家供应——你打算考虑一下吗？当然会考虑，这比去美国银行并试图获得小企业贷款要容易得多。"

　　那为什么还需要银行呢？

　　与现有银行相比，科技公司拥有一些强大的战略优势，其用户规模之大甚至超过了银行拥有的庞大的忠实用户群。首先，大科技企业拥有数据。很多数据，这很重要。玛格丽特·基恩解释了原因："事实是，你想在事情发生之前就知道事情即将发生。"她说，在金融危机期间，这些银行之所以"措手不及"，是因为它们在做出商业决策时，设想着这次危机应该与之前的危机一样：他们认为人们可能会拖欠信用卡借款或者汽车贷款，但绝对会继续支付抵押贷款。事实上，情况恰恰相反。银行没有足够快地察觉到这一差异，也没有足够快地做出反应——这让危机变得更加糟糕。

　　数据，以及对这些数据的理解，可能会使经济在2008年免于崩溃。"那么，我们如何更有效地利用数据呢？"玛格丽特问道，"是否有迹象表明我们很快就可以看到行动？根据看到的数据，人们能以多快的速度行动起来呢？"

如果你是美国科技四巨头之一，拥有10亿客户，整个部门都致力于通过机器学习处理用户数据，那么你大概可以比大银行更快、更准确地看到数据处理模式。

这不仅使科技公司具备了发现宏观趋势的优势，而且还有助于他们在微观层面上对每个客户做出判断。谷歌、脸书和亚马逊已经证明，他们能够根据用户在线行为的复杂模型提供广告内容和产品推荐。那么，为什么不推荐金融产品呢？

在提供金融服务方面，科技公司还有另一个更大的优势：

他们不需要从中赚钱。

"苹果公司不打算在音乐方面赚钱，"亚当·戴尔说，"它只是想通过这个平台卖出更多的设备。"为了促进iPod的销售，苹果公司低价出售音乐。"这彻底改变了音乐行业。"亚当说，四巨头没有理由不在银行业做同样的事情。"我认为，亚马逊可能已经得出结论——他们也许对在金融服务方面赚钱没有兴趣，但他们希望能够为客户提供这些功能，以赢得更多消费者的关注和存款。"

四大科技公司已经有了行之有效的盈利商业模式。即使将金融服务添加到它们的业务中，其现有的商业模式也不会被取代，结果只会让人们更多地使用其核心业务。

例如，亚当说："如果你从亚马逊购买牛奶、糖、鸡蛋，而你的现金短缺，并且你在他们那里有银行账户，我相信他们会乐意为你发放500美元的低息个人贷款，以稳定你的现金流，帮助你继续购物。他们这样做几乎不考虑从中赚钱，因为从忠诚度和客户锁定的角度来看，这笔钱花得非常值得。"

这不再是什么猜想。科技公司已经开始尝试提供金融服务。苹果支付（Apple Pay）和谷歌支付（Google Pay）鼓励用户使用智能手机而不是信用卡或借记卡进行购物。[4]亚马逊借贷（Amazon Lending）就是一个只向选定商家提供点对点贷款服务的机构（毫无疑问，邀请函只发给那些信誉度符合亚马逊内部算法的商家），可向他们提供1000美元至80万美元的贷款。

那么，大型科技公司接管金融服务业是不可避免的吗？

未必。

既然与银行相比科技公司拥有所有这些优势，那么为什么它们还没有接管银行呢？

"受监管并不好玩，"玛格丽特·基恩说，"像银行那样受到监管是一种完全不同的情况。我认为他们不会喜欢那样的监管。"

布莱斯·马斯特斯一生都在金融界工作，她注意到，随着每十年一循环的经济周期进入下一个阶段，另一个趋势正在出现："如果你看看2009年以后的十年，金融业经历了一场监管海啸，经历了巨大的阵痛和重组。这种阵痛导致了十年后非常强大的金融服务业的崛起，至少在美国是如此。重新呼吁管制的浪潮大概已经结束。但是，她说："谷歌和脸书等公司却才刚刚开始受到冲击。"

政府监管旨在限制系统性风险。金融危机以来——我们看到了苹果手机的发布、社交媒体用户的爆炸式增长，以及全新社交和转账模式的出现——监管机构没有关注这些科技公司；它们关注的是银行。银行的业务因此得以更有序地发展，但大型科技公司带来的系统性风险已经达到监管机构难以忽视的地步。

布莱斯深信，对大型科技公司的监管即将到来。"在全球经济中，他们已经成为足够重要的角色，他们将为他们所做的事情的意外后果负责，"但是，她说，"当今世界任何地方都没有可以充分规范科技公司行为的监管框架。"

随着这些大公司向未来进击，他们正在采取措施进军金融服务业，但同时他们也会小心行事。他们认为，最好的做法是专注自己的核心业务，为用户提供尽可能好的体验，同时寻找银行合作伙伴，在幕后处理银行运营中最为繁杂的事务。

也许这就是未来的模式。

这是一个——目前看来——行之有效的模式。

注释

前 言

1. Steve Jobs, "iPhone Keynote 2007," Genius.com, n.d., https://genius.com/Steve-jobs-iphone-keynote-2007-annotated.

2. Cal Newport, "Steve Jobs Never Wanted Us to Use Our iPhones Like This," *New York Times*, January 25, 2019, https://www.nytimes.com/2019/01/25/opinion/sunday/steve-jobs-never-wanted-us-to-use-our-iphones-like-this.html.

3. Lorenzo Franceschi-Bicchierai and Brian Merchant, "The Life, Death, and Legacy of iPhone Jailbreaking," *Vice*, June 28, 2017, https://www.vice.com/en_us/article/8xa4ka/iphone-jailbreak-life-death-legacy.

4. Reuters, "Key Excerpts from Steve Jobs' Biography," October 24, 2011, https://www.reuters.com/article/us-apple-jobs-excerpts/key-excerpts-from-steve-jobs-biography-idUKTRE79N6TE20111024.

5. Saul Hansell, "Steve Jobs Girds for the Long iPhone War," *Bits* (blog), *New York Times*, September 27, 2007, https://bits.blogs.nytimes.com/2007/09/27/steve-jobs-girds-for-the-long-iphone-war/.

第一章

1. Market Pulse, "U.S. E-Commerce Sales (unadjusted)," https://www.marketplace pulse.com/stats/us-ecommerce/us-e-commerce-sales-unadjusted-23.

2. M. Szmigiera, "Number of FDIC-Insured Commercial Banks in the United States from 2002 to 2017," Statistica, last updated September 5, 2019, https://www.statista.com/statistics/184536/number-of-fdic-insured-us-commercial-bank-institutions/.

3. Andrew Kortina, "Origins of Venmo," *Kortina.NYC* (blog), June 2, 2014, https://kortina.nyc/essays/origins-of-venmo/.

4. Brodie Beta, "The Top iPhone, iPod Touch & iPad Apps of 2010," GeekBeat, December 15, 2010, https://geekbeat.tv/the-top-iphone-ipod-touch-ipad-apps-of-2010/.

5. Sarah Perez, "Zelle Forecast to Overtake Venmo This Year," TechCrunch, June 15, 2018, https://techcrunch.com/2018/06/15/zelle-forecast-to-overtake-venmo-this-year/.

第二章

1. *It's a Wonderful Life*. Directed by Frank Capra. Hollywood, California: Liberty Films, 1946.

2. 一家真正的银行手头有多少钱因国家而异，甚至因银行而异，但在美国，银行的"存款准备金率"（也称为"流动性比率"）一般在3%到10%之间。这意味着银行可以将客户储蓄的90%至97%用于投资。在银行里，客户的储蓄只有很少一部分以现金形式存在。其余部分都是"非流动性"的，以贷款等资产形式存在。假设分类账目准确无误，那么银行应该以某种形式拥有客户的全部财富，但却不以现金形式拥有。

3. 事实上，这在很大程度上是美国的银行在2008年陷入困境的原因：它们向太多陌生人发放了太多的贷款，最终遭受了挤兑。

4. "Fico History," About Us, FICO, accessed October 8, 2019, https://www.
fico.com/en/about-us#our-company.

5. "LendingClub Statistics," LendingClub (website), last updated March 31,
2019, https://www.LendingClub.com/info/demand-and-credit-profile.
action.

6. Caroline Howard, "The World's 100 Most Powerful Women in 2017," *Forbes*,
November 1, 2017, https://www.forbes.com/sites/carolinehoward/2017/11/01/
the-worlds-100-most-powerful-women-in-2017/.

7. "Kabbage," *Forbes*, last updated February 4, 2019, https://www.forbes.
com/companies/kabbage/#275782b02b90.

8. 通常无法从银行获得商业贷款的小企业主，会转而使用个人信用卡、
房屋净值贷款等来经营自己的企业。但金融危机后，个人信贷额度枯
竭，这些小企业主别无选择。

9. "Lending Club Review," CreditLoan.com, accessed October 8, 2019,
https://www.creditloan.com/personal-loans/lending-club-review/.

10. LendingClub, "LendingClub Reports First Quarter 2016 Results –
Chairman & CEO Renaud Laplanche Resigns," press release, May 9,
2016, https://ir.LendingClub.com/File/Index?KeyFile=34233669.

11. LendingClub, "LendingClub Reports First Quarter 2016 Results."

12. Connie Loizos, "After Much Drama, LendingClub Founder Laplanche
Gets a Slap on the Wrist by the SEC," TechCrunch, October 1, 2018,
https://techcrunch.com/2018/10/01/after-much-drama-lendingclub-
founder-renaud-laplanche-get-a-slap-on-the-wrist-by-the-sec/.

第三章

1. M. Szmigiera, "Number of FDIC-Insured Commercial Banks in the United States from 2002 to 2017," Statista, September 30, 2019, https://www.statista.com/statistics/184536/number-of-fdic-insured-us-commercial-bank-institutions/.

2. A P Kamath, "Yodleeing Their Way to the Top," Rediff on the Net, October 30, 1999, https://www.rediff.com/news/1999/oct/30us2.htm.

3. "Total Number of Websites," InternetLiveStats.com, accessed October 8, 2019, https://www.internetlivestats.com/total-number-of-websites/.

4. A P Kamath, "Yodleeing Their Way to the Top."

5. Marc Hedlund, "Why Wesabe Lost to Mint," *Marc Hedlund's Blog*, October 1, 2010, http://blog.precipice.org/why-wesabe-lost-to-mint/.

第四章

1. "World GDP by Year," Multpl.com, accessed October 8, 2019, https://www.multpl.com/world-gdp/table/by-year.

2. Fabian T. Pheffer, Sheldon Danziger, and Robert F. Schoeni, *Wealth Levels, Wealth Inequality, and the Great Recession*, Research Summary (Russell Sage Foundation, 2014), https://inequality.stanford.edu/sites/default/files/media/_media/working_papers/pfeffer-danziger-schoeni_wealth-levels.pdf.

3. Another paper, by NYU professor Edward Wolff, found that "the richest 10 percent of households controlled 84 percent of the total value" of stocks. Edward N.Wolff, "Household Wealth Trends in the United States, 1962 to 2016: Has Middle Class Wealth Recovered?" (working paper,

National Bureau of Economic Research, Cambridge, MA, 2017), 19, https://www.nber.org/papers/w24085.pdf.

4. Carmen DeNavas–Walt and Bernadette D. Proctor, "Income and Poverty in the United States: 2014," Census.gov, September 2015, https://www. census.gov/content/dam/Census/library/publications/2015/demo/p60–252.pdf; Board of Governors of the Federal Reserve System, "Report on the Economic Well–Being of U.S. Households in 2018," FederalReserve. gov, May 2019, https://www.federalreserve.gov/publications/files/2018–report–economic–well–being–us–households–201905.pdf.

5. Cybele Weisser, "The Rise of the Robo–Advisor," ConsumerReports.org, July 28, 2016, https://www.consumerreports.org/personal–investing/rise–of–the–robo–adviser/.

6. "优秀的"财富经理——关心客户利益的财富经理——当然存在。但并非每个财富经理都把客户的利益放在首位。一位前财富经理告诉我们："2000年，当我开始我的职业生涯时，作为一名财富经理，我并不关心我客户的整体财务状况；我关心的是如何向他们推销产品。有人告诉我，即使某个共同基金不适合我们的客户，我们也要出售给他们，这样做有助于该基金获得较高的排名。"

7. 财富管理费一直在逐步下降。2000年，许多私人财富经理收取2%的佣金，他们每次代表客户进行交易时也收取佣金，每笔交易为35美元。嘉信理财和史考特证券（Scottrade）等经纪公司开始降低交易佣金，先收取8美元，然后收取7美元。此后，亿创理财等在线交易平台的到来推动了交易佣金的进一步降低，而Robinhood和零佣金交易的到来彻底将这一趋势固化。

8. 有一则关于19世纪末两个卖鞋人的旧趣闻。两人到非洲寻找商机。

到达后不久，其中一个人就往国内的总部发了一封电报："这里的情形令人绝望——这里没有人穿鞋子。"另一个人也发了一封电报："绝佳的机会：他们还没有鞋子穿！"大多数财富经理忽视了除价值最高的个人以外的所有人（因为其他人都"令人绝望"），Betterment看到了一个"绝佳的机会"，并将其转化为一项业务。

9. John C. Bogle, "The First Index Mutual Fund: A History of Vanguard Index Trust and the Vanguard Index Strategy," Bogle Financial Markets Research Center, accessed October 8, 2019, https://web.archive. org/web/20130507033534/http://www.vanguard.com/bogle_site/lib/ sp19970401.html.

10. David Thomas, "Passive Investing Vehicles Close the Gap with Active Management," *Forbes*, February 4, 2019, https://www.forbes.com/sites/ greatspeculations/2019/02/04/passive–investing–vehicles–close–the– gap–with–active–management/#44bd40705778.

11. Robin Sidel, "FDIC's Tab for Failed U.S. Banks Nears $9 Billion," *Wall Street Journal*, updated March 17, 2011, https://www.wsj.com/articles/ SB10001424052748704396504576204752754667840.

12. Dennis Jacobe, "Americans' Confidence in Banks Remains at Historical Low," Gallup, April 6, 2010, https://news.gallup.com/poll/127226/ americans–confidence–banks–remains–historic–low.aspx.

13. Though the growth of the robos has been quick and impressive, the incumbent investment companies still manage vastly more wealth. For comparison, BlackRock, the largest of these incumbents, holds $6.5 trillion AUM; Vanguard holds $5.3 trillion; Schwab $3.3 trillion; and Fidelity $2.4 trillion.

14. Boris Khentov, "Navigating Market Stress: Betterment's Approach to Brexit," Betterment (website), June 27, 2016, https://www.betterment. com/resources/navigating–market–stress–betterments–approach–to–brexit/.

第五章

1. Gerald Apaam et. al, *2017 FDIC National Survey of Unbanked and Underbanked Households* (Federal Deposit Insurance Corporation, 2018), fdic.gov/householdsurvey/2017/2017report.pdf.

2. 美国80%的商业银行和信用合作社使用一种叫作ChexSystems的服务——一家跟踪拒付支票、超支账户和潜在欺诈银行账户活动的报告机构。这些文件在银行之间共享，当一个人的ChexSystems文件显示太多负面报告时，银行会将其视为"风险"客户，使他们难以或不可能在任何银行开立账户。ChexSystems将每个报告的事件都保存在个人档案中，直到事件发生至少五年之后：银行客户可能需要很长时间才能清除他们的记录。

3. Maria Lamanga, "Overdraft Fees Haven't Been This Bad Since the Great Recession," MarketWatch, April 2, 2018, https://www.marketwatch. com/story/overdraft–fees–havent–been–this–bad–since–the–great–recession–2018–03–27.

4. 与大萧条时期的许多情况一样，这些新的"银行业沙漠"——任何银行都无法提供服务的社区——对已经处于不利地位的群体产生了不成比例的影响。在美国，低收入社区的人居住在"银行业沙漠"的可能性是高收入社区的人的两倍多，农村地区所有被关闭的银行网点中25%在少数族裔占多数的社区。

5. Jason Richardson et al., "Bank Branch Closures from 2008–2016: Unequal Impact in America's Heartland," National Community Reinvestment Coalition, n.d., https://ncrc.org/wp-content/uploads/2017/05/NCRC_Branch_Deserts_Research_Memo_050517_2.pdf.

6. 这些不仅仅是不便。对于最贫穷的人来说，旅行十余千米的"不便"是以支付公共汽车票价和失去工作为代价的，同时这一假设的前提是这个人可以进行这次旅行。此外，根据美联储的说法，"随着银行与借款人之间距离的增加，获得银行信贷（尤其是小企业）的机会在减少"。参见Richardson et al., "Bank Branch Closures from 2008–2016."

7. 似乎所有这些还不够糟糕，使用非传统贷款机构还有另一个代价高昂的副作用：因为这些贷款和还款发生在银行系统之外，这些活动未向信贷机构进行报告——这意味着，无论借款人偿还债务的能力有多强，这都无助于他们建立信用记录。因此，未能充分获得银行服务的家庭无法获得传统的银行信贷。某种程度上来说，使用非银行产品会使人们更难重新使用常规银行产品。

8. Martha Perine Beard, "In-Depth: Reaching the Unbanked and Underbanked," Federal Reserve Bank of St. Louis, January 1, 2010, https://www.stlouisfed.org/publications/central-banker/winter-2010/reaching-the-unbanked-and-underbanked.

9. 相比之下，有线电视公司现在通常提供每秒30兆字节的下载速度（比拨号调制解调器快500多倍），千兆字节宽带（比拨号调制解调器快1500倍）正变得越来越普遍。

10. 史蒂夫确实把钱还给了他。

11. 史蒂夫澄清说："我可以说我们有一个呼叫中心，但很长一段时间办公室都在我的家里。一个人拿着一部电话在储藏室里为客户提供服务。"

12. 与信用卡相比，预付卡迫使持卡人更仔细地进行预算，因此，自金融危机以来，预付卡不仅越来越受到无银行服务人们的欢迎，而且也受到有银行服务人们的欢迎。皮尤慈善信托基金会（Pew Charitable Trusts）2014年进行的一项研究表明，45%的预付卡用户在过去的一年中至少使用过一次传统的信用卡。参见The Pew Charitable Trusts, *Why Americans Use Prepaid Cards: A Survey of Cardholders' Motivations and Views*, February 2014, https://www.pewtrusts.org/~/media/legacy/uploadedfiles/pcs_assets/2014/prepaidcardssurveyreportpdf.pdf.

13. 美国信用卡持有者的个人资产平均余额约为6348美元，其中大约40%的人每月背负债务，产生利息和费用。"无银行服务者"并不是唯一有银行问题的人……参见The Pew Charitable Trusts, *Why Americans Use Prepaid Cards*.

14. 亚马逊最近试图利用史蒂夫·斯特里特的Green Dot卡创意，将其转化为一种工具，让用户能够建立自己的信用。参见Kate Rooney, "Amazon Launches a Credit Card for the 'Underbanked' with Bad Credit," CNBC, June 10, 2019, https://www.cnbc.com/2019/06/10/amazon-launches-a-credit-card-for-the-underbanked-with-bad-credit.html.

15. 第三，如果你算上软摇滚。

16. 暂且不说，宽带和高速移动数据网络也更有利于富人和城市居民，而不是穷人和农村居民。

17. 其实，无银行网点的想法并不新鲜。此前曾有几次尝试，但都取得了喜忧参半的成功：1989年，在英国，First Direct（直销银行）只提供电话银行服务，而ING Direct是一家受欢迎的在线银行，在

2010年被美国第一资本金融公司收购之前，它在美国的知名度不断提高。但这两家银行都是大型传统银行的子公司。新兴银行之所以与众不同，部分原因在于它们是新型的——新的——银行，而且与现有的在资本、客户和特许权方面已经领先的公司展开正面交锋。

18. "杠杆率"要求是科技公司不执着于获取银行执照的原因之一，而且，即使真的拿到了银行执照，他们也不会就此生存无忧：他们保存在众所周知的保险箱中的15%的资产是他们无法在市场上投资的15%，这可能会阻碍他们的竞争。

第六章

1. 或者，不管怎样，它和钱一样古老。

2. "Stock Ticker History," The Stock Ticker Company, accessed October 8, 2019, https://web.archive.org/web/20141225041242/http://www.stocktickercompany. com/stc/history; "Stock Ticker," Thomas A. Edison Papers, Rutgers School of Arts and Sciences (website), last updated October 28, 2016, http://edison.rutgers.edu/ticker.htm.

3. 真正开创海底电缆的是英国人，而不是美国人，他们试图用更快的通信手段将其庞大的帝国连接起来。

4. 多年来，西联不断进行创新和改造。1914年，他们发明了第一张消费者信用卡。1923年，他们推出了电传打字机。到1935年，他们发明了一种通过电报线发送图像的方法，并开始提供有史以来第一种公共传真服务。1943年，他们发明了一种利用微波而不是电报线在城市间传输信息的方法。到了20世纪70年代，他们开始向太空发射卫星。最终，所有这些项目都被西联公司毁掉了：到1994年，公司过度扩张，现金短缺，被迫申请破产保护。破产重组结束时，汇款成为该公司唯一得以完整保留的业务。

5. "Find Locations," Western Union (website), accessed October 8, 2019, https://www.westernunion.com/sg/en/find-locations.html.

6. 农村M-Pesa用户的家庭收入平均增长5%至30%。

7. Toby Shapshak, "Sub-Saharan African Will Have 500m Mobile Users by 2020, Already Has Over Half Mobile Money Services," *Forbes*, July 11, 2017, https://www.forbes.com/sites/tobyshapshak/2017/07/11/sub-saharan-african-will-have-500m-mobile-users-by-2020-already-has-over-half-mobile-money-services/#3dc464262456.

8. 一些WorldRemit客户仍然喜欢——或需要——以现金的形式取回他们的钱，而该公司确实提供了这一选择。但通过该平台发送的汇款中，约有70%是端到端的数字汇款，而整个行业的这一比率平均只有20%左右。

第七章

1. Satoshi Nakamoto, "Bitcoin: A Peer-to-Peer Electronic Cash System" (white paper, bitcoin.org, 2008), 1, https://www.bitcoin.com/bitcoin.pdf.

2. Eric Hughes, *A Cypherpunk's Manifesto*, March 9, 1993, https://nakamotoinstitute.org/static/docs/cypherpunk-manifesto.txt.

3. 与此同时，黄金的价值自1993年以来一直在飙升：目前约为每盎司1275美元。

4. Satoshi Nakamoto, "Satoshi Nakamoto's Page," P2P Foundation, accessed October 8, 2019, https://web.archive.org/web/20120529203623/http://p2pfoundation.ning.com/profile/SatoshiNakamoto.

5. 2014年，美国《新闻周刊》（*Newsweek*）发起寻找中本聪的活动，并确定："'社会保障指数死亡统计台账'中，在北美和其他地区，有好几个中本聪——有的活着，有的已经死亡——其中包括一位居住在纽约名叫拉夫·劳伦（Ralph Lauren）的男装设计师，和另一个已于2008年在檀香山去世的人。领英上甚至有一个人声称自己创立了比特币，总部设在日本。"最终，其调查宣布找到一个名叫多利安·中本聪的人，并将他命名为"比特币背后的面孔"——这份调查报告受到密码学界广泛贬低和嘲笑。参见Leah McGrath Goodman, "The Face Behind Bitcoin," *Newsweek*, March 6, 2014, https://www.newsweek.com/2014/03/14/face–behind–bitcoin–247957.html.

6. 如果说有什么区别的话，比特币白皮书的作者有太多的专业知识：人们认为中本聪可能实际上是一群人，而不是一个人。

7. 每个开采区块都会获得比特币奖励，但由于网络上的所有采矿者都在为数学问题的最终解决作出贡献，因此这些比特币的奖励将根据每个采矿者对区块开采贡献的"哈希率"（处理器功率）分配给不同的采矿者。

8. 采矿者获得的采矿奖励最初设定为每完成一个区块奖励50枚硬币，但该值设计为每21万个新区块后减半——因此，随着区块链规模的增长，进入流通的新币越来越少。在撰写本文时，区块链的"高度"约为58万个区块，开采一个新区块价值12.5个硬币。当区块高度达到63万时，采矿奖励将再次下降至6.25。大约在2140年，在发行了2100万比特币之后，该系统将永远停止创造新币。

9. 并非一文不值：2010年5月22日，来自佛罗里达州的一位名叫拉兹洛·汉耶茨（Laszlo Hanyecz）的计算机程序员用加密货币进行了第一笔已知的现实交易，他用一万比特币换了两个棒约翰的比萨饼。后来，以比特币的最高估值，这两个比萨饼的价值约为2亿美元。"我并不为此感到难过，"汉耶茨后来说，"比萨饼真的很好吃。"

10. 该报告的标题揭示了美国联邦调查局对平淡无奇而非诗意东西的偏好："比特币虚拟货币：独特的功能为阻止非法活动提出了独特的挑战。"

11. "Bitcoin History," Bitcoin Wiki, updated September 7, 2019, https://en.bitcoinwiki.org/wiki/Bitcoin_history#Bitcoin_in_2011.

第八章

1. Alyson Shontell, "Jamie Dimon: Silicon Valley startups are coming to eat Wall Street's lunch," *Business Insider*, April 10, 2015, https://www.businessinsider.com/jamie-dimon-shareholder-letter-and-silicon-valley-2015-4.

2. Jackie Fenn and Marcus Blosch, "Understanding Gartner's Hype Cycles" (Gartner Research, 2018), https://www.gartner.com/en/documents/3887767/understanding-gartner-s-hype-cycles.

3. 也许具有讽刺意味的是，Betterment利用技术聚集了一批不那么富有的个人，并将他们捆绑在一起，就像过去十年银行捆绑抵押贷款债券一样。现在，他们已经成为一个足够大的团体，他们汇聚起来的财富足以证明银行的努力没有白费。

4. 2014年，美国民调分析机构FiveThirtyEight的一位勤劳作家可能手头有太多的时间，因此，他计算出了这一扩大的财富的近似值：如果当时电影中的小男孩迈克尔·班克斯（Michael Banks）把他的两便士用于投资，而不是花在养鸽子上，那么这笔钱将累积104年的复利，价值近10英镑。这是一种征服感吗？参见Walk Hickey, "Mary Poppins Was Right. Go Ahead and Feed the Birds, Michael,"

_199

FiveThirtyEight, August 27, 2014, https://fivethirtyeight.com/features/ mary–poppins–50th–anniversary–tuppence/.

5. SoftBank Robotics America, "HSBC Bank and SoftBank Robotics America Partner to Bring Humanoid Robotics to Fifth Avenue U.S. Flagship Bank Branch," PR Newswire, June 26, 2018, https://www. prnewswire.com/news–releases/hsbc–bank–and–softbank–robotics– america–partner–to–bring–humanoid–robotics–to–fifth–avenue–us– flagship–bank–branch–300672008.html.

6. SoftBank Robotics America.

7. S. C. Stuart, "Dancing (and Banking) with Pepper the Robot in Beverly Hills," *PC Magazine*, April 19, 2019, https://www.pcmag.com/news/367499/ dancing–and–banking–with–pepper–the–robot–in–beverly–hills.

8. Stuart.

9. Kurt Schlosser, "Can a Robot Spice Up the Retail Banking Experience? HSBC's 'Pepper' Is Now on the Job at Seattle Branch," *GeekWire*, March 12, 2019, https://www.geekwire.com/2019/can–robot–spice–retail– banking–experience–hsbcs–pepper–now–job–seattle–branch/.

10. Stuart, "Dancing (and Banking)."

11. Ron Shevlin, "How Much Do Banks Spend on Technology? (Hint: It Would Weigh 670 Tons in $100 Bills)," *Forbes*, April 1, 2019, https:// www.forbes.com/sites/ronshevlin/2019/04/01/how–much–do–banks– spend–on–technology–hint–chase–spends–more–than–all–credit– unions–combined/#1ae22bbb683a.

12. Adam Lashinsky and Jonathan Vanian, "What Big Banks Say about Being 'Screwed'—Data Sheet," *Fortune*, June 21, 2019, https://fortune.

com/2019/06/21/big-banks-change-data-sheet/.

13. Goldman Sachs, "Goldman Sachs to Become the Fourth Largest Bank Holding Company," press release, September 21, 2008, https://www. goldmansachs.com/media-relations/press-releases/archived/2008/ bank-holding-co.html.

14. 如果对于这家曾被称为"一个包裹在人类脸上的巨大吸血鱿鱼"的银行来说，这一切似乎有点过于认真，但想一想这家银行都做什么：他们寻找被低估的机会，并试图在其他人击败他们之前利用这些机会。高盛认真、客户至上的精神恰好是他们认为最符合自身底线的东西。参见Matt Taibbi, "The Great American Bubble Machine," *Rolling Stone*, April 5, 2010, https://rollingstone.com/politics/politics-news/the-great-american-bubble-machine-195229/.

后记

1. 华尔街有时会将网飞算在内，并将他们统称为吸血鬼"FAANG"（即这五大科技公司的首字母缩写）。

2. Jun-Sheng Li, "How Amazon Took 50% of the E-commerce Market and What It Means for the Rest of Us," TechCrunch, February 27, 2019, https://techcrunch.com/2019/02/27/how-amazon-took-50-of-the-e-commerce-market-and-what-it-means-for-the-rest-of-us/; Kurt Wagner, "Digital advertising in the US is finally bigger than print and television," Vox, February 20, 2019, https://www.vox.com/2019/2/20/18232433/digital-advertising-facebook-google-growth-tv-print-emarketer-2019; Associated Press, "Apple, Amazon, Facebook, Alphabet, and Microsoft Are Collectively Worth More Than

the Entire Economy of the United Kingdom," *Inc.*, April 27, 2018, https://www.inc.com/associated-press/mindblowing-facts-tech-industry-money-amazon-apple-microsoft-facebook-alphabet.html.

3. 一方面，这将是一种极具颠覆性的新模式。另一方面，这并不是什么新鲜事：西尔斯·罗巴克公司（Sears Roebuck）做到了这一点，他们为需要缝纫机或自行车的客户提供融资。福特也这样做了，目的是为了帮助客户购买汽车。而且，正如我们所看到的，为了销售家电，通用电气也这样做了，并将其融资业务拓展成为一个部门，而该部门最终成为玛格丽特·基恩领导的Synchrony。

4. 苹果支付和谷歌支付仍然链接到用户的传统信用卡或银行账户——现在。

致谢

这本书中，我描写了许多魅力四射的人，所有这些人的参与都值得永远感谢。但是，与本书中出现的名字同样重要的还有那些帮助本书最终面世的朋友和同事。

首先，要感谢我在Vested的团队，特别是公司共同创始人宾纳·金（Binna Kim）和伊斯维恩·阿罗拉（Ishviene Arora），他们给予了我完成这本书的空间，还有埃里克·哈扎德（Eric Hazard），感谢他的建议和见解，以及艾丽卡·汤普森（Erica Thompson）、阿德里安·罗宾斯（Adrienne Robbins）和阿什莉·琼斯（Ashley Jones），感谢他们对本书制作和推广的支持。

没有我的写作搭档克里斯·德万（Chris DeWan）的付出，这本书是不可能与读者见面的。他是一位杰出的思想家、故事家，是一位令人愉快的合作伙伴。

还要感谢彭博新闻社的杰森·斯科彻特（Jason Schechter），这本书的出版离不开他多年来的支持。我要感谢的还有，Vested的首席经济学家米尔顿·埃兹拉蒂（Milton Ezrati）和美国金融博物馆首席执行官戴维·考恩（David Cowen）博士。

我还要特别感谢我的父母乔恩（Jon）和苏（Sue），他们共同的鼓励让我爱上了写作，并遵从他们明智的建议，离开了新闻界。当然，我还要感谢我的妻子艾琳，感谢她悉心照顾我们的孩子，让我有充裕的时间专注于本书的写作。

最后，感谢迈克尔·莱文（Michael Levin）和吉尔·马萨尔（Jill Marsal），他非常喜欢这本书的创意，给予本书大力的支持。感谢我的编辑，来自哈珀柯林斯出版集团（Harper Collins）的蒂姆·伯加德（Tim Burgard），他的帮助让这本书得以成功出版。